ブルマーの謎

〈女子の身体〉と戦後日本

山本雄二
Yuji YAMAMOTO

青弓社

ブルマーの謎——〈女子の身体〉と戦後日本

目次

第5章 密着型ブルマーの普及過程 98

装丁——山田信也［スタジオ・ポット］

はじめに

昨今、学校での柔道や組み体操による重大事故、クラブ活動での体罰などの問題に再び注目が集まっている。学校関係者は死亡リスクさえあるこうした活動の廃止にはどことなく後ろ向きのようだし、法律で禁止されているにもかかわらず、体罰を暗黙に容認する人も少なくないようだ。その理由はどうやら精神力の向上や統一美、達成感のためであるらしい。精神力とはチームや国家のために個人の身体能力の限界を無視することであり、統一美や達成感は集団のなかに個が溶け込む快感である。いわば集団美学が個人のリスクを超えて称揚される空気がいまだ亡霊のように学校空間には漂っているのだ。

加えて、学校には奇妙な力学もはたらいている。いったん導入されて定着したものに対しては、その効用が疑問視されようが、あるいはそもそも何のために導入されたのかが忘れ去られ、もはや誰も説明できない状況になろうが、そのまま継続される傾向があるのだ。単に継続するだけではなく、廃止の声に対しては積極的に抵抗するように見えることもある。どうしてだろうか。その理由は簡単だ。継続するうちにいつのまにか精神性をまとい、道徳性を帯びるようになるからである。たとえば、足腰を鍛錬するためと称しておこなわれた「うさぎ跳び」は、膝関節を痛めるリスクが指摘されてもなお長く学校の運動クラブでは続けられてきたし、床の上に正座させることも小学校などでは懲罰としてごく普通におこなわれ、児童・生徒たちに苦痛を与え続けていた。そんなことまで校則で決めなければならないのかと驚くような細部にわたる校則規定なども、いったん決められたあとは、その規定を守らせること自体が目的化しているとしか思えない対応がなされた。そうしたことの一つひとつを振り返ってみれば、そのことごとくに精神性が付与され、効用や合理性をも超える道徳性がまとわりついていたことがわかる。

敗戦後、学校はＧＨＱ（連合国軍総司令部）によって推し進められた民主化、すなわち個人の尊重、男女平等、民主的態度を育成するための前線基地としての役割を担ってきた。同時に、戦前からの家父長制的な心情が生き長らえる温床でもあり続けてきた。学校事故・事件の例や学校内に取り入れられた事柄に精神性と道徳性をまとわせる学校的力学の存在などは、こうした民主化と戦前的心情の交錯とねじれが二十一世紀に入ってもなお存続していることをうかがわせる。

本書の目的は、なぜ、どのようにして学校に取り入れられたのかわからない、なのに、存続だけはされ、もはやどうして継続しているのか誰もわからないといった現象を取り上げ、その全体像を詳細に検討することで、学校を舞台とした民主化と戦前的心情の交錯とねじれの諸相と、学校的力学を支えるエネルギーの源泉を明らかにすることである。

具体例として取り上げるのは、密着型ブルマー（通称・ぴったりブルマー）の学校への浸透と継続である。この密着型ブルマーに関しては、東京オリンピック憧れ説など種々の風説が流通しているものの、いずれも根拠が乏しかったり、誤解に基づくものだったりして、実のところどうだったのかについては学校教員でさえはっきりと説明できる人はほとんどいないし、文献にもほとんど記載されていない。そうでありながら、導入当初から時々に聞かれていた羞恥や不満の声は無視され、抑圧されて、およそ三十年にもわたって学校での女子体操着の主流として継続してきたのである。「どのようにして学校に取り入れられたのかわからない、なのに継続だけはされ、もはやどうして継続しているのか誰もわからない」現象として、密着型ブルマーほどふさわしいものはないだろう。

ブルマーに関してはすでに青弓社から『ブルマーの社会史』(1)が出ている。おそらくわが国初のブルマーに関するまとまった研究論集であり、参考になる点も多い。ただ本書の関心と重なるところは少なく、唯一の例外は掛水通子が執筆した「ブルマーの戦後史」(2)と題された章である。その章で示されている調査結果は本書でもたびたび利用している。

本書の構成を説明しておこう。

密着型ブルマーの不思議について人に話したり大学の授業で取り上げたりしたときに気がついたのだが、若い世代では密着型ブルマーそのものを知らない人が多い。一九九〇年代半ば以降には学校体育の現場から姿を消していたのだから、現役の大学生が男女を問わず知らないのは当然のことで、仮に密着型ブルマーの着用世代でも、その前のちょうちんブルマー時代のことや、さらにその由来について知っている人はごく少ないにちがいない。まして、かつて文部省が女子の身体への配慮を細部にまでわたって指示していたことを考え合わせて、ちょうちんブルマーから密着型ブルマーへの変化がどれほど大胆なものであったのかを感じ取れる人は、その変化を当事者として経験した人のなかにさえ、ほとんどいないのではないかと思われる。

そこで第1章では明治期にブルマーが日本に導入された経緯とその後の変容、さらに密着型ブルマーへの変化がどれほど大きなことであったのかについての概略を紹介した。密着型ブルマーのもっていた社会的な意味については『ブルマーの社会史』で詳しく論じているので、そちらをごらんいただきたい。

第2章では密着型ブルマーの学校への浸透状況についてデータをもとに概観し、密着型ブルマーの浸透が国家や権威筋からのトップダウン的指令ではないにしろ、そこにはなんらかの組織的関与があったはずという仮説とその根拠を提示する。その後、密着型ブルマーの学校への導入と消滅に関する諸説を取り上げ、そのいずれもが根拠のあやしい風説にすぎないことを示す。そうした説を一つひとつ検討していく作業が、その後の考察の基礎にもなるからだ。

第3章と第4章では、「組織的関与」の内容がどのようなものかという考察と中学校体育連盟（中体連）にたどりつくまでの経緯を述べる。さらに、中体連の資金難を体操服メーカーの尾崎商事との協力で乗り切ろうとしたことが結果として功を奏したこと、またなぜ中体連が資金難に陥ったのかを、戦後のスポーツをめぐる復古派と戦後民主主義派との軋轢の歴史をたどることで明らかにする。

第5章では密着型ブルマーが学校に普及していった当時、現場で営業にあたっていた人々への取材を通して、学校の反応や体操服そのものに対する感覚を紹介する。取材によって明らかになったことの一つとして、密着型ブルマーがそれまでのちょうちんブルマーとは大きく異なるものであるにもかかわらず、受け入れる側の学校現場にはほとんど抵抗感がなかったことがあげられるが、注目すべき点である。

第6章の密着型ブルマー浸透の文化的背景に関する考察は、密着型ブルマーへの抵抗感のなさが社会的にどのようにして醸成されたのかに焦点を当てている。注目すべきは二つの事柄で、一つは一九六四年に開催されたオリンピック東京大会であり、もう一つはパンツ二枚ばきの伝統である。ただし、オリンピック東京大会については、女子バレーボールの外国人選手たちがはいていたのを見て憧れたからという従来の通説とはまったく異なる観点から考察している。

第7章で密着型ブルマーの学校からの消滅過程を考察し、最後に第8章ではおよそ三十年にわたる密着型ブルマーの学校での存続の意味について考察する。敗戦後すぐに登場した「純潔教育」をめぐる議論と一九六〇年代の「女子学生亡国論」の議論を考察したうえで、密着型ブルマーが対立する戦前回帰派と戦後民主主義派の心情を思わぬかたちで満足させていた可能性を指摘する。すなわち、女子の身体をめぐって対立していたはずの「婦徳派」と「身体の民主主義派」とが意図しないままに共謀して、密着型ブルマーの三十年間を支えてきた可能性である。

注

(1) 高橋一郎/萩原美代子/谷口雅子/掛水通子/角田聡美『ブルマーの社会史――女子体育へのまなざし』(青弓社ライブラリー)、青弓社、二〇〇五年

(2) 掛水通子「ブルマーの戦後史――ちょうちんブルマーからぴったりブルマーへ」、同書所収、一四一―二一六ページ

第1章　ブルマーの謎と来歴

1　ブルマーの謎

一九六〇年代の半ばごろから、中学校を中心に、伸縮性があって腰に密着するいわゆるぴったりブルマー（本書では体操服メーカーの呼称にしたがって密着型ブルマーと呼ぶことにする）が女子の体操着として採用され始め、その後、全国の学校に急速に普及していった。それまでの女子体操服といえば、ほとんどがちょうちんブルマーかショートパンツ、なかには女子でもトレーニングパンツ（以下、トレパンと略記）というところもあったようだが、主流は圧倒的にちょうちんブルマーだった。そうしたちょうちんブルマーを中心とする旧来の女子体操着に密着型ブルマーが取って代わり、三十年間ほど学校の女子体操着として不動の地位を保ち続けたあと、九〇年代半ば以降、これまた急速に姿を消していった。

たかが学校の女子体操着のこととはいえ、どうしてこのように急激な変化が生じたのか、不思議に思って文献を調べ始めたのだが、その経緯が意外とわからない。それどころか文献自体がほとんどないといっていい状況だ。現象自体は誰もが知っているのに、その経緯については誰も知らない。こういう事柄には案外、大事なことが隠れているのではないか。密着型ブルマーの普及という些細なことに、日本の公教育や社会の時代的心情を考えるヒントが隠されているのかもしれない。真実は細部に宿るということもある。本書は、こうした関心に導かれて探究してきたことの記録である。

ただ、心配なのは、ブルマーがどのようなものかを知らない世代が出現し始めていることである。現役の大学生などの若い世代の人たちで、小学校や中学校、高校の体育でブルマーが体操着として指定されていたという人はもはやほとんどいないだろう。自分が着用していないどころか、ブルマー自体を見たことがないという人もいるだろう。また一九七〇・八〇年代に生徒だった世代でも、たしかに着用経験はあるけれども、その由来や導入の経緯について知る人はほとんどいないといってもいいだろう。そこで、まずはブルマーが日本に導入された経緯とその後の変化について簡単におさらいをしておこう。

2　ブルマーの日本への導入と変容

井口阿くりの貢献

ブルマーが女子体操着として日本に初めて導入されたのは一九〇〇年代前半だといわれている。いちばん初めに紹介したのは井口阿くり（図1）である。

井口は一八九九年（明治三十二年）に文部省からの官費留学生として、女子体育のあり方を学ぶためにアメリカへ派遣され、一九〇三年二月に帰国した。図2は、アメリカ留学中に「TINY JAP MAID'S ATHLETIC MISSION」というタイトルで地元の新聞 *NEW YORK HERALD SUNDAY* に紹介されたものである。

帰国後は、女子体育の振興が個人の健康だけでなく国家にとってもどれほど大事であるかを講演会などで説いて回ると同時に、女子のための体操着の普及にも努めている。井口は『体育之理論及実際』[1]で、袴をはくようになったのは多少の進歩だけれど、いまだに袖が長い着物を着て、袴のヒモで胸を締め付けているのは女子の体育には向いていないとして、みずから考案した体操服を奨励した。そのときに図入りで紹介したのが、上は長袖のセーラー服、下は膝下までの巨大なふくらみをもつニッカーボッカー風のブルマー（当時はブルマースと呼ばれていた）である（図3）。

図に描かれているブルマーは、井口がアメリカ留学中にみずからも着用していたのとほぼ同じものである。異なるのは、襟がセーラー服のようになっていることと、体育をするとき以外にこのままの格好ではみっともないので、上からいわゆる女袴（スカート）をはく体裁にしたことだ。さら

図1　井口阿くり肖像

図2　留学中はアメリカの新聞でも取り上げられた
（図1・2の出典：女性体育史研究会編著『近代日本女性体育史――女性体育のパイオニアたち』日本体育社、1981年、103、109ページ）

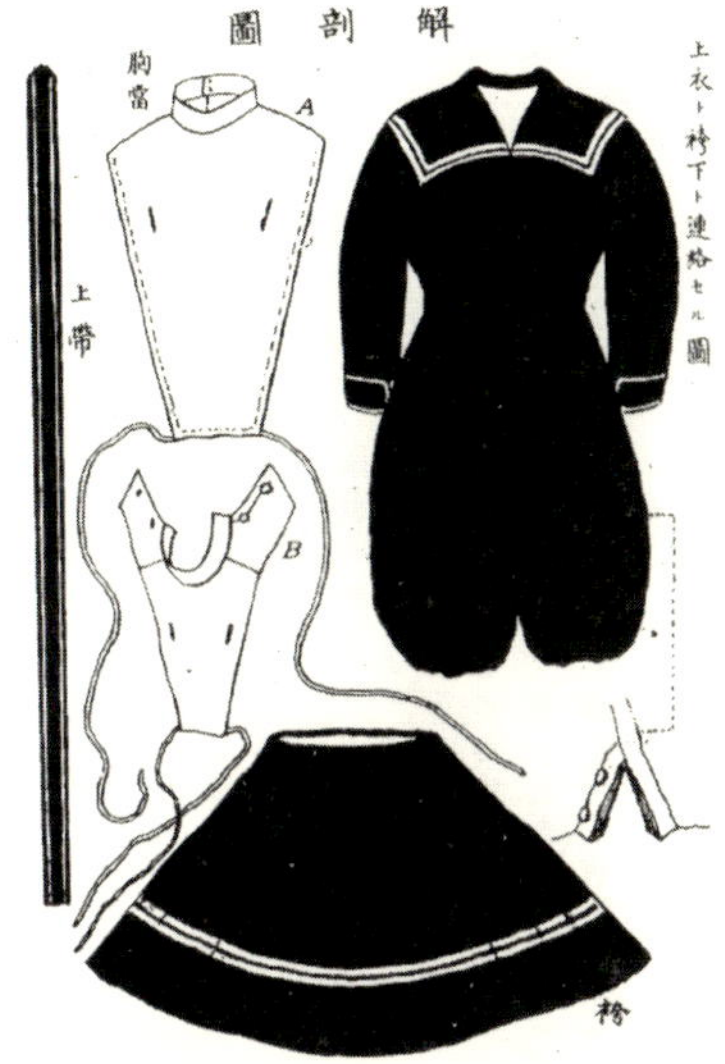

図3　井口阿くりが奨励したブルマー式体操着
（出典：井口阿くりほか『体育之理論及実際』国光社、1906年、405―406ページ）

にセーラー服のなかには胸当てをするようにして、（当時の感覚として）見苦しくならない配慮も行き届いている。この胸当ては首の後ろをボタンで留め、おなかのところをヒモを背中側で結んで留める方式である。ちなみに、図のなかに吹き出しの注としてあえて拡大図を載せているのは、ブルマーの股の部分で、この図によれば、ブルマーの股は割れていて、その両側をボタンで留める方式になっている。井口がなぜこのような形のブルマーを提案し、作り方の解剖図で強調したのかといえば、少なくとも日本ではまだ女性がパンツをはく習慣はなく、したがってはいているものを上からずり下げて用を足すという習慣もまたなかったからだ。体育のとき以外に上からスカートをはく必要はこういうところにもあったのだろう。

井口は自分が指導するいくつかの学校でこのブルマーを女子体操着に指定して、女子体育の振興に貢献した。おかげで女子生徒には着物に女袴では考えられなかった身体の自由が与えられ、図4に見るような体勢も苦もなくとれるようになった。

図４　スウェーデン体操
（出典：前掲『近代日本女性体育史』116ページ）

図5　東京YMCA主催女子連合競技大会入場式の行進
（出典：「女学世界」第22巻第12号、博文館、1922年、2—3ページ）

その後の変化

ブルマーが広く一般の学校に定着したのは、帰国後に井口が啓蒙を始めてからさらに二十年ほどあとのことらしい。

その後、ブルマーは時にスタイルを変えながらも、一九六〇年代半ばごろまで日本での女子体操着の定番であり続けた。変化の二大要素は裾の長さとふくらみ具合である。長さは次第に短く太ももを駆け上がり、ふくらみは次第に小さくなって尻をゆるやかに包み込む程度のものも現れるようになった。もちろんすべてがこのように変化したわけではなく、ブルマーのバリエーションが豊富になったというべきか。それでも、なかがのぞき見られないよう裾が絞られ、ゆるやかに尻を包み込むというブルマーの特徴が崩されることはなく、ブルマーはあくまでもちょうちんブルマーだった。

図5は一九二二年（大正十一年）におこなわれた

女子の競技大会の入場行進の模様だが、当時このチームのようなショートパンツ型の体操着をはいているのは非常に珍しい。後ろに続いて行進しているチームは膝まであるかなり大きなちょうちんブルマーをはき、足にはタイツをはいている。このスタイルがこのころの女子の体操服の定番だった。そうした珍しさもあってカメラマンもこのショートパンツに注目したと思われる。いずれにしろ、一九二〇年代（大正時代の後半）には女子の体操服はバリエーションがかなり豊富だったことがうかがえる。そして、女子体操服としてのちょうちんブルマーとショートパンツへの分岐がこのころに起源をもっていたこともわかる。

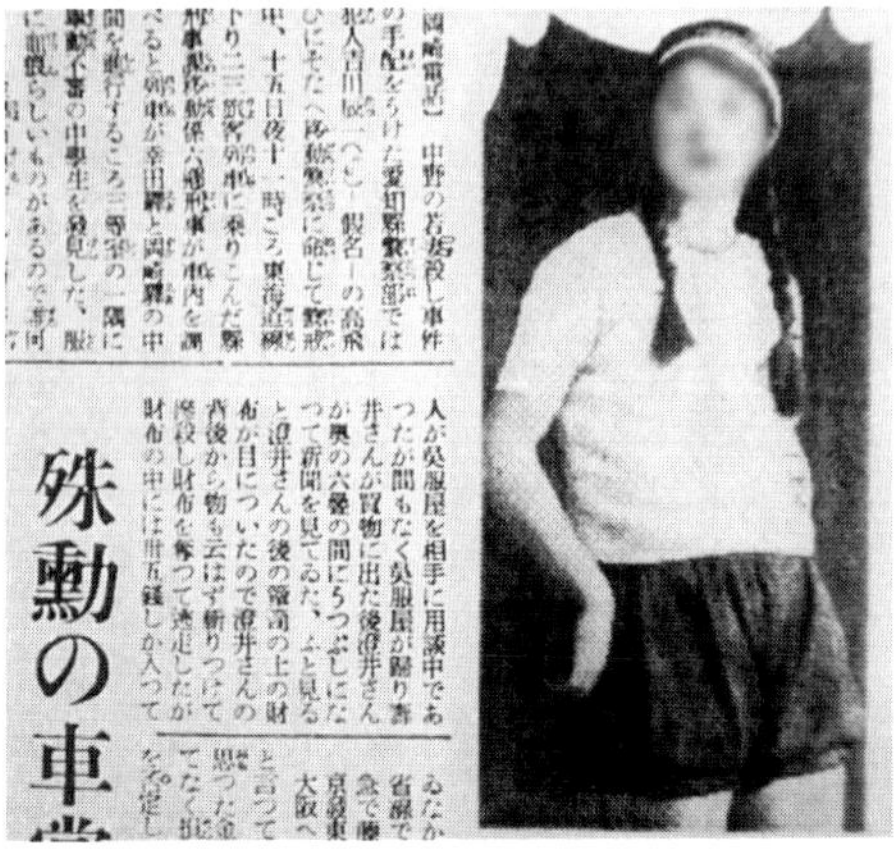

図6　1930年代初頭の体操着（なお、殺人事件の被害者であるため、顔をぼかす加工を施した）
（「読売新聞」1937年6月17日付夕刊）

図6の写真は一九三七年（昭和十二年）の「読売新聞」に掲載されたもので、ある殺人事件の被害者の姿である。記事は「若妻殺し　中学生捕はる」という見出しで、事件現場は東京だが、犯人の中学生は被害者の姉の夫の甥で、金沢から叔父を頼って東京に出てきたときの出来事だった。被害者は二十歳で、写真は被害者が石川県立第一高女時代のものだから、三三年か三四年ごろの姿だろう。このブルマーは当時としては丈も相当短く、腰回りもすっきりとしていて、六〇年代の写真

といわれてもおかしくないほどにスマートである。当時、体操服はまだ手作りが基本だから、モデルとなる型はあったとしても、地域での流行や個人の好みが出やすく、それだけバリエーションも豊かになるということだろう。

ブルマーの形は戦後になってもさほど変わらなかった。図7は一九四六年に開催された第一回国体の写真で、丈こそ短めだが、腰回りはかなりのふくらみをもたせてある。国体選手が両チームとも裸足であることに目がいくが、そのこと自体は敗戦後の日本にとって珍しいことではなかった。むしろ、ボールを押し込もうとしてジャンプしている選手が一人靴をはいていることのほうが珍しいかもしれない。

図７　1946年第1回国民体育大会バレーボール女子中等決勝
（出典：日本体育協会監修『国民体育大会の歩み【増補改訂】』都道府県体育協会連絡協議会、1979年、グラビア）

文部省の基本方針

学校はかつてから現在まで、学校内部に性的な要素を持ち込むことに強い警戒心をいだいてきた。一九七九年から始まったTBS系の『3年B組金八先生』の最初の事件が女子中学生の妊娠だったことは象徴的で、そのことは学校での最大級の衝撃を表していた。学校がいろいろと理由をつけて服装のおしゃれや化粧を禁止し、盛り場への接近を制限しようとするのも、生徒を性的世界から遠ざけて、学校に性的要素を持ち込ませないためだと考えるとわかりやすい。

同じ観点から、文部省は体育時の服装に関してもかなり気をつかってきた。一九五一年に出版された『文部省版　男女の交際と礼儀』を見ると、「服装上の諸注意」という項目の「女子の場合」には次のように書かれている。少し長いが、文部省の考えがよく表れているので引用する。

「運動用のシャツとスカートの形にはことに注意が大切である。女子は体の形、ことに乳房や腰の形が露骨に表れないようにする。

例えば、シャツは胸のゆったりしたものを選ぶ。メリヤスなどぴったり体にくっついたものは避けるべきである。

また、下は、スカートの股に襠《まち》の入ったものと、ブルーマ式で裾にゴムを通したものとがあるが、いずれにしても、なるべく襞《ひだ》の多く入ったもので、腰の線の露骨に表れないものがいい。また股に襠の入ったスカートの場合には、下着のブルーマーの裾には必ずゴムを通し、ブルーマーの色もスカートと同じ黒系統の色を用いて、激しい運動の場合にも、あまり見苦しくないようにする」[2]（ル

ビは引用者）

一読しただけでは何をいっているのかわかりづらいかもしれない。というのも、ここでは運動着としてのブルマーを「ブルーマ」といい、下着のパンツのことを「ブルーマー」といって区別しているものの、どちらも同じブルマーの名称を使っているからである。その混乱を避けるために、下着をパンツと言い換えると、この文章の第三段落がいっているのは要するに次のようなことだ。

下半身用のものはキュロット式とブルマー型があるが、いずれにしてもひだが多く入っていて、腰の線が露骨に現れないものがいい。キュロットの場合は、必ずパンツをはいて、しかもパンツの裾にはゴムを通して、どんな激しい体勢になってもその部分が見えたりしないようにしなくてはいけない。またキュロットの裾からパンツが見えるのも問題なので、見えてもすぐにはパンツだとわからないように、キュロットと同じ黒系統の色にするのがいい。

こんな具合に細かいところまで目配りをして、女子の体に対して性的まなざしを誘発することがないように、また性的存在であることをことさらに意識させることがないように注意しなさいと指導しているわけである。

急速な転換

ちょうちんブルマーは形状からして、まさにこうした文部省の女子身体観に沿ったものだった。だからこそ、長い間、女子体操着としての定番であり続けることができたともいえる。それがどうしたことか、一九六〇年代半ばになって、あれよあれよという間にちょうちんブルマーは衰退し、

図8　1970年ごろのブルマーでの体育
（出典：筆者所有の高校卒業アルバム）

お尻に密着する化学繊維製の密着型ブルマー（通称ぴったりブルマー。以後、ちょうちんブルマーと区別する場合には密着型ブルマーと称し、単にブルマーというときには原則として密着型ブルマーを指すことにする）に取って代わられてしまった。密着型ブルマーは「腰の線が露骨に現れない」どころか、しゃがんで立ち上がればお尻のほっぺたが顔を出す。また下着が見えないようにという点でも、そもそもそれ自体が下着同然であり、しばしば「はみパン」と呼ばれていやがられたように、パンツがブルマーからはみ出して女子に恥ずかしい思いをさせてきた。ちょうちんブルマーが守ってきた防波堤の急激な崩壊、この変化をどう理解したらいいのだろうか。不思議な出来事である。

そうして、その後のおよそ三十年の間、女子体操着として密着型ブルマーが日本の学校を席巻し続け、一九九〇年半ば以降に急激に姿を消した。しかし、ある時期に急激に姿を消すようなものならば、どうして三十年間も主役の座を張っていられたのか、そちらのほうがむしろ不思議である。そう考えると、導入にしろ消滅にしろ、密着型ブルマーにはかなり多くの不思議がまとわりついている。

もっとも、この不思議な現象に関する説明がまったくないわけではない。それどころか、すでに「通説」と呼べるほどに流通している説もいくつかある。しかし、そうした説にどの程度の根拠があるのか、あるいは普及や消滅の背景となる社会的条件を示しているだけではないのかといった疑問が残るものが多い。社会的条件を考え、調べるのはもちろん重要だが、変化の方向を説明できるほどの条件を示せているのかどうかはあやしい。要するに、これまでの説は「俗説」あるいは「風説」の域を出ないのではないかとも思えるのだ。

次章以降、これら諸説について検証し、変化のプロセスで何が起こり、どのような力学がはたらいていたのかを探っていきたい。

注

(1) 井口阿くりほか『体育之理論及実際』国光社、一九〇六年

(2) 伊藤秀吉ほか『文部省版 男女の交際と礼儀――学校における指導の解説』目黒書店、一九五一年、一七〇―一七一ページ

第2章　密着型ブルマーの普及と風説

1　密着型ブルマーの普及速度

掛水データ

密着型ブルマーがいつごろから学校体育の女子体操着として定着していったのか。まずはこの点から確認しておこう。この手のデータがほとんどないなかで、頼りにできるのは掛水通子による調査データ[(1)]である。このデータは掛水が勤める東京女子体育大学の在学生に依頼して、二〇〇六年六月に学生たちの母親を対象にアンケート調査を実施したものである。娘からの依頼ということもあって有効回答率は高く（約七〇％、百九十三人）、母親の年齢も適度にばらついているため年代による変化もわかって都合がいい。

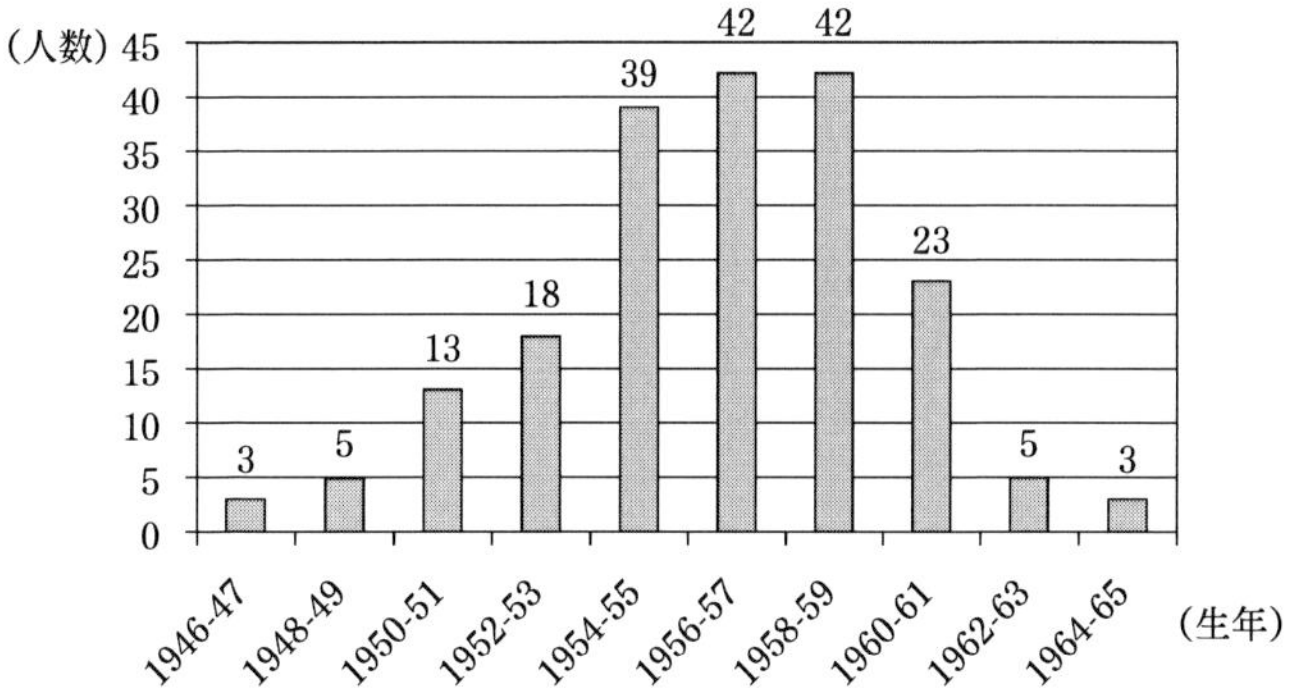

図9　調査対象者の生年分布

図9からわかるように、調査対象者の生年分布は一九四六年から六五年までと二十年間の幅をもって広がっているものの、五四年から五九年までの五年間に約六三%の人が、五二年から六一年の十年間には約八五%の人が収まっている。データ変動を見るうえでの信頼性を高めるためにも、このあたりのデータを中心に見ることにしよう。

掛水が示す集計データは実に詳細である。というか、あまりにも詳細すぎて全体の傾向を一目で読み取ることがほとんどできない。どうしてそうなったのかといえば、掛水が独自の仮説に基づいて、ブルマーを全部で五種類に分け、ショートパンツについても自分で細工を施したかどうかで二種類に分けるなどして、女子体操着を八つのカテゴリーに区分し、それに「その他・忘れた」の項を加えて、全部で九つもカテゴリーを作ったからである。さらにどういうわけか、年代をまとめることをせずに各年度をすべて表示している。そのすべてをありのまま示そうとすれば、九カテゴリー×二十年間＝百八十マスの表となり、実際にもその表が掲載されている。おかげでデータを再分析することができるのだが、傾向を読み取るには不向きである。そこで全体の傾向を見やすくするために九つのカテゴリーを四つにまとめ、一年ごとの表示を五年ごとにまとめることにする。

修正版のカテゴリーについては、ひだがあってもなくても、またふくらみが大きくてもややスマートな形でも、木綿製で伸縮性がないものはまとめてちょうちんブルマーとし、化繊で伸縮性があるものを密着型ブルマーとしてまとめた。[2] ほかにもショートパンツをそのままのものと自分で裾にゴムを通したものとを区別しているが、この二つをまとめてショートパンツとした。こうして掛水のデータを集計し直し、改めて小学校・中学校・高校への入学年度別に何をはいていたのかをグラフにしたのが図10・11・12である。

このグラフからわかるのは、いずれの学校段階でも一九六五年までには密着型ブルマー着用の端緒が開かれているものの、急速に普及したのは六六年以降であること。一方、密着型ブルマーの普及に反比例して減少したのは、小学校ではちょうちんブルマーで、五〇年代後半には七〇％を超えていたものが六〇年代後半には半減している。高校の場合、六〇年代前半にはすでにちょうちんブルマーはほとんど着用されておらず、ショートパンツが主流だった。六〇年代前半に三七・五％だったものが、六〇年代後半には約一〇％に、七〇年代前半には三％にまで減少している。

そして、こうした変化を最も典型的に、かつ劇的に表しているのが中学校のデータである。一九六五年までに一二％だった密着型ブルマーの割合はその後の五年間で五〇％を超え、さらに七〇年代前半を通して七六％にまで広がっている。一方、ちょうちんブルマーとショートパンツは六五年まではそれぞれ二四％と三六％だったものが七〇年代前半には両方合わせても一〇％に満たない割

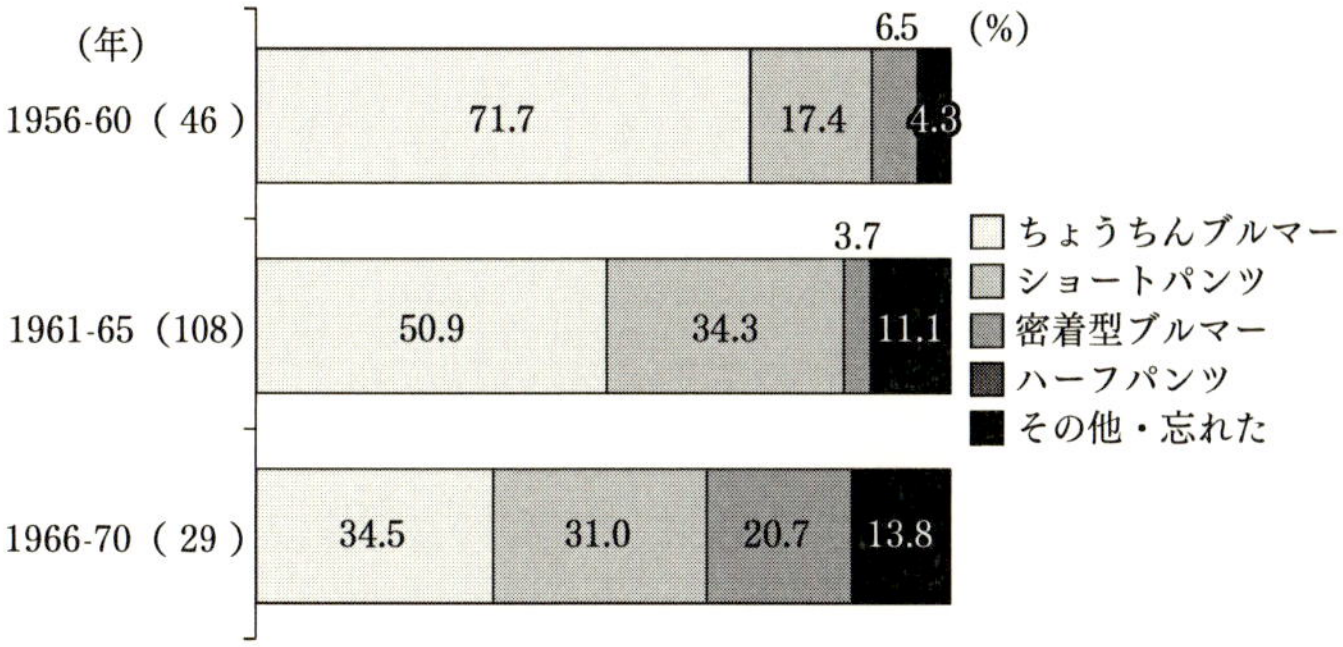

図10　小学校入学年度別の体操服別割合（単位は%、カッコ内は実数）

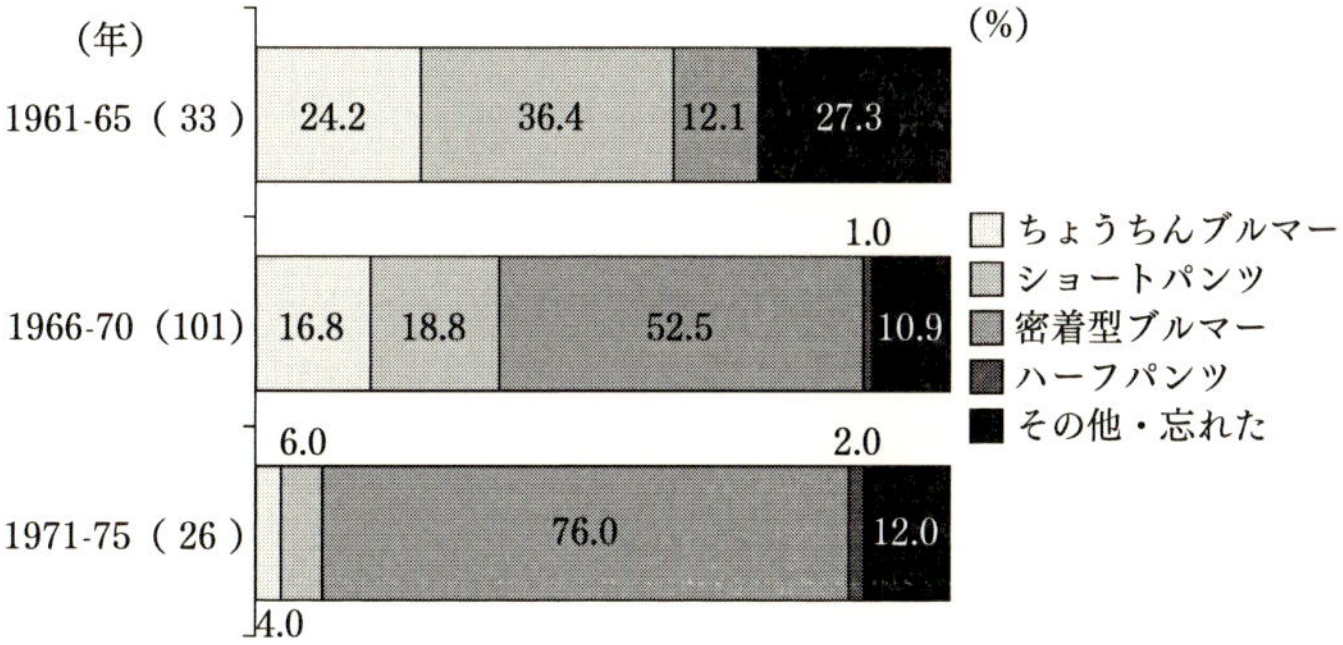

図11　中学校入学年度の体操服別割合（単位は%、カッコ内は実数）

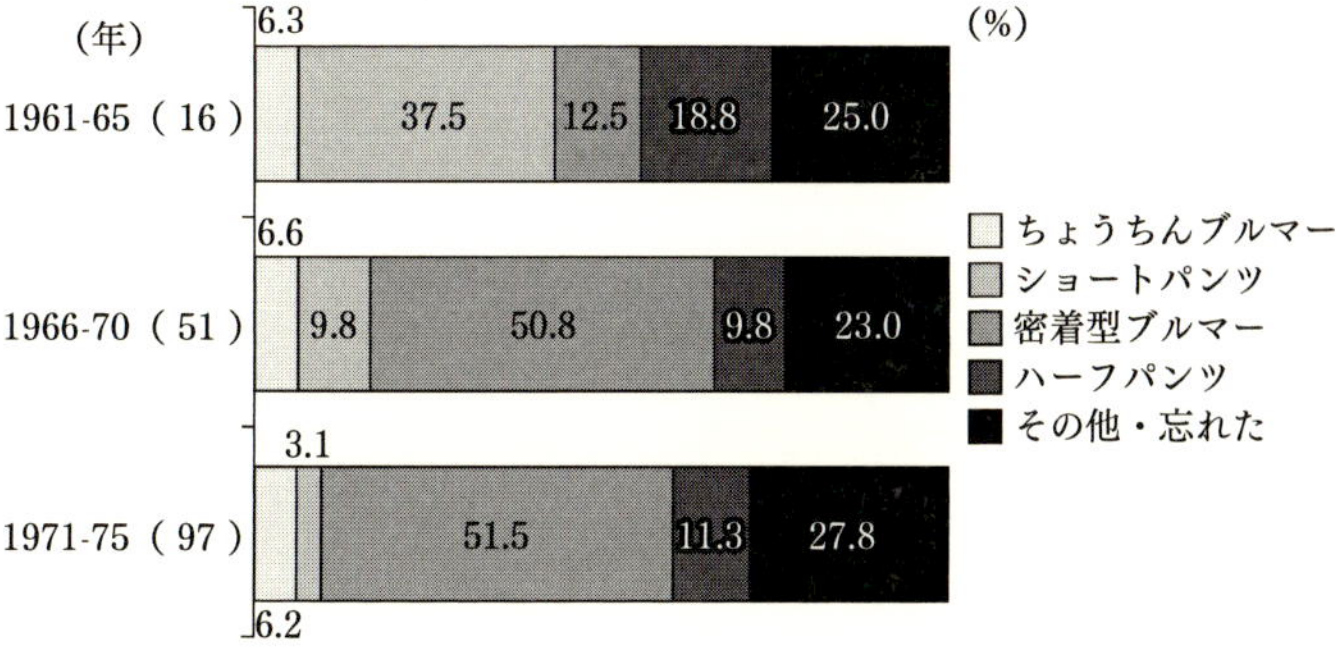

図12　高校入学年度の体操服別割合（単位は%、カッコ内は実数）

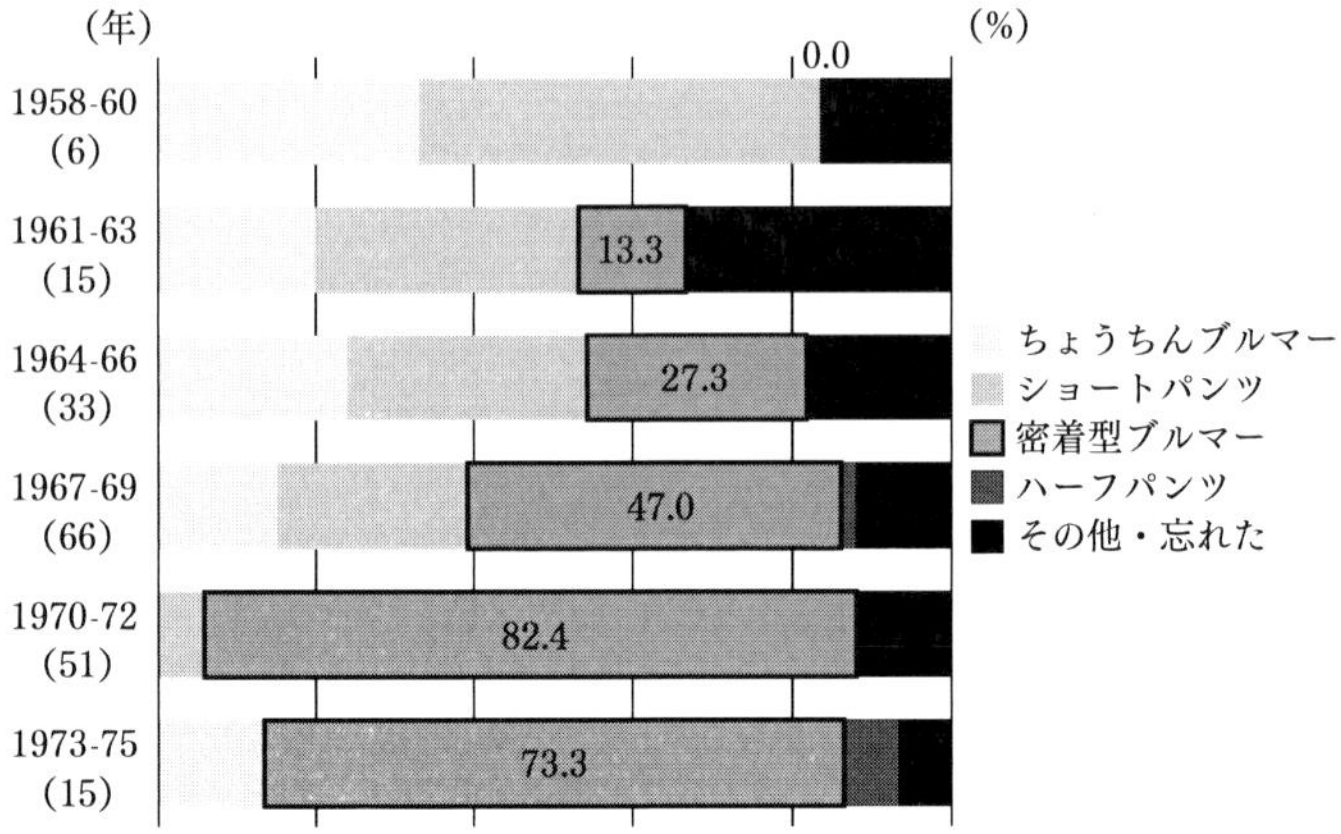

図13　中学校入学　3年ごとの推移

合にまで減少している。

こんなふうにあまりに劇的な変化を示すグラフを見ると、この変化がある特定の時期に集中的に生じたのか、それとも連続的になだらかに拡大してきたのかを確かめたくなる。そこで年代区分ごとの実数が少なくなるのをがまんして、一九六一年から七五年までの十五年間を三年ごとの五つの区分に分けてグラフを作成したのが図13である。

このグラフから見て取れるのは、密着型ブルマーは一九六一年から三年ごとに一三・三%、二七・三%、四七%、八二・四%とほぼ倍々のペースで拡大し、七〇年代前半におおよそ七〇%から八〇%の学校で採用されたところで落ち着いたということである。つまり、ある年に一挙に拡大したというよりも、約十年の間にほぼ一直線に拡大し、採用されるべき学校ではおおよそ採用されて定着したということになるだろう。

このことから予測できるのは、密着型ブルマーの普及は何か制度の変更があったとか国家的な教育方針の変更があったために生じたものではないということだ。もし、そのような要因による普及であれば、グラフはある時点で不連続な増大傾向を示すはずである。ところが実際にはそのような傾向は見られない。密着型ブルマーの普及過程については制度の変更や権威筋の圧力とは別の要因を探求する必要がある。

中学と高校の時間差

さらに、中学校と高校の普及速度にどのくらいの差があるのかについても確かめておこう。先に見た図11（中学）と図12（高校）とを比較してみると、中学も高校も一九六五年以前には一〇％台と少数派だったのが、六六年ごろから急速に普及し、どちらも五〇％を超えるようになる。中学では、その後も直線的に密着型ブルマーが導入されていくのに対して、高校では五〇％を少し超えたくらいで落ち着いている。この二つのグラフからは、七一年以降の推移には差が見られるものの、急速な普及という面では中学と高校でほぼ同時期に密着型ブルマーが浸透していったように見える。しかし、そのように断定してしまっては見過ごしかねない、微妙だが、無視できない違いが含まれている。

この違いには、単年度集計だけだった掛水のデータを、傾向を見やすくするために集計し直しているプロセスで気づいた。たしかに、複数の年度をひとまとめにすることで大きな傾向はわかりやすくなるが、そうすることで今度は単年度集計だからこそ見えてくる性質は無視されることになる。単年度集計ではデータ数も少なくなるから、なんらかの傾向が見られてもその信頼性がかなり小さくなることをふまえたうえで、改めて「データが示すかぎり」の傾向を見てみると次のようになる。

表1　回答者が5人以上の年の傾向

年度	中学		高校	
	回答者数	密着型ブルマー	回答者数	密着型ブルマー
1962	8	0		
1963	5	0		
1964	7	1		
1965	11	1	8	0
1966	15	7	5	1
1967	24	11	7	1
1968	20	8	11	4
1969	22	12	15	10
1970	20	15	24	15
1971	22	17	20	7
1972	13	10	22	14
1973	10	7	20	9
1974			22	12
1975			13	8
1976			11	4

データ数が少ないときに、十分な数のデータがあるときと同じように比率だけを示すのはフェアではないので、まずは実数を示しておく。各年度で回答者数が五人以上いるときの回答者数と密着型ブルマーと答えた人数を、中学・高校別に表したのが表1である。回答者数が五人以上いるのは、中学では一九六二年度から七三年度まで、高校では六五年度から七六年度までである。それぞれの年度で、入学時にはいたのが密着型ブルマーだと回答した人数も合わせて示している。

そのうえで、中学・高校別に密着型ブルマー派が占める割合を年度ごとに棒グラフにしたのが図

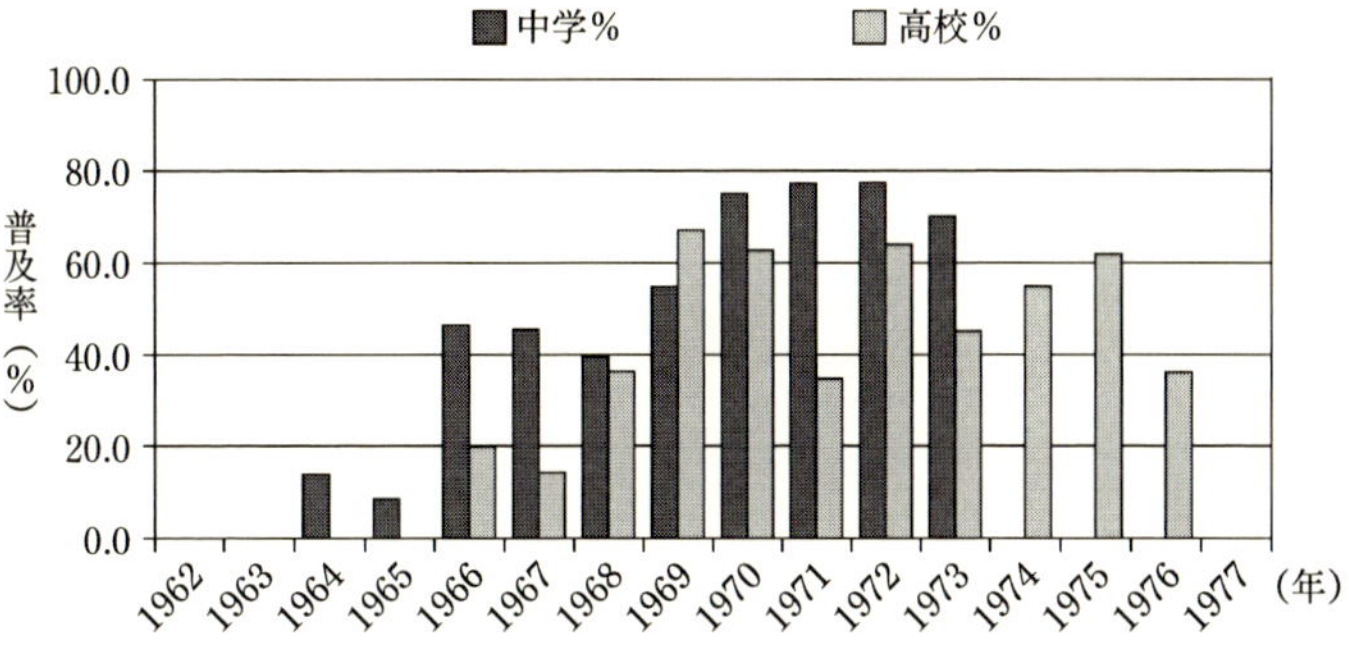

図14　各年度ごとの中学校・高校への密着型ブルマー浸透率の変化

14である。このグラフを見ると、密着型ブルマーの急速な浸透は、中学では一九六六年度からであり、高校では六八年度から六九年度にかけてである。つまり、高校に密着型ブルマーが浸透し始めたのは中学への浸透から二、三年後のことである。この二、三年の遅れが意味しているのは次のようなことだろう。

密着型ブルマーの急速な普及は中学校から始まった。データは入学時のことを尋ねた結果だが、新入生に対して密着型ブルマーを体操着として定めるのであれば、上位年次にも、過渡的な措置はいろいろと考えられたにしても、同じ制服にそろえるよう要請されたことだろう。高校は、中学で密着型ブルマーが十分に普及して、体育で日常的に使われていることを確認したうえで、自校でも体操服として取り入れ始めたと推測できる。学校の制服なら、その学校の生徒であることのシンボルでもあり、なんらかのかたちで独自性を出す必要があるだろうが、体育で身に着ける服にまでこだわって、中学校で日常的に使っていたものをすべてご破算にする必要はないからだ。もし、この推測が的外れでないとしたら、私たちが注目すべきは中学校への浸透がどのように始まったのかという点になるだろう。

2　普及と消滅に関する諸説とその検討

本節では、人口に膾炙している密着型ブルマーの普及と消滅に関する諸説を検討しよう。最初に取り上げるのは、密着型ブルマー普及の最も有力な説となっている東京オリンピック憧れ説である。

東京オリンピック憧れ説

先に示したような密着型ブルマーの普及プロセスを見ると、一九六五年前後に普及のきっかけとなる大きな出来事があったにちがいないと考えたくなるのは自然である。六五年あるいはその直前にあった大きな出来事、しかも体育に関連するものといえば、ただちに思い浮かぶのは六四年十月に開催された第十八回オリンピック東京大会である。典型的なのは次の「週刊朝日」の記事のような言い方だ。

「ピッタリ型のブルマーにとってかわられる大きな契機となったのは、一九六四年開催の東京オリンピックだった。外国人選手のピッタリ型でカラフルなブルマーを目にした日本人に、「提灯ブルマーはカッコ悪い」意識が強く植えつけられたことが大きい、とされる。

繊維会社やスポーツメーカーが、表ナイロン裏綿のピッタリ型ブルマーを売り出し、大ヒット商品となった。（略）どーんと太ももを出すスタイルは、機能性バツグンであるとして、学校体操服の世界の与党として今日まで君臨してきたのである」

記事にいう「外国人選手」が指しているのは、主として女子バレーボール選手のことである。とりわけ日本チームの優勝がかかったソ連との最終戦は視聴率六五％を超えるほどだったというから、試合の熱戦ぶりもさることながら、ソ連選手のブルマー姿は女性のたくましさ、力強さの印象とともに、多くの国民の目に強く焼き付けられたことだろう。(3)

その印象を少女たちの憧れと結び付ける風説も見受けられる。二〇〇六年十一月十四日放送の日本テレビ系『伊東家の食卓』がその一例で、オリンピック東京大会で女子チームがはいていたブルマーをテーマにしている。番組ではその年に日本に新たに登場したインフラや新幹線などを紹介したあとに、次のようなナレーションでブルマーの話題へと入っていく。

「ナレーション：国民が注目したソ連との試合、日本の少女たちは意外なところに注目していたのです。それは（少女の声で）「ソ連のブルマー、かっこいい」。なんと少女たちが熱い視線を送っていたのはソ連の選手のぴったりブルマー。当時、日本の学校ではまだちょうちんブルマーがはかれていました。そんな時代に、負けたとはいえ、ソ連のスポーティーでそれまでになかった新しい形のぴったりブルマーに少女たちは大きな衝撃を受けたのです」

スタジオにはゲストとして、一九六四年オリンピックのバレーボール日本代表だった河西昌枝（当時キャプテン）、谷田絹子、松村好子の三人が招かれ、当時の様子をこう説明している。日本選手たちがはいていたのは、ちょうちんブルマーではなく、ショートパンツだった。しかし、そのままでは回転レシーブなどで足を放り上げたときになかが見えてしまうので裾にゴムを入れることにした。それだけのことだ。実はあるメーカーがオリンピック前にぴったりブルマーをもってきたことがあるが、初め見たときは下着かと思ったくらいで、こういうのは恥ずかしくてとてもはけないと断った。なにしろ下着なんだから、というわけである。

当時、河西さん三十一歳、谷田さん二十五歳、松村さん二十三歳で、若い女性たちの感覚としては、こんな下着のようなものは恥ずかしくてとてもはけるものではなかったと証言しているのだ。では、初めのナレーションはどこにつながっているのだろうか。これがどこにもつながっていない。つながっていないどころか、番組を最後まで見ても、ソ連の女子バレーボールチームがはいていた密着型ブルマーに日本の少女たちが憧れたという話はいっさい出てこないし、したがって根拠が示されることもない。要するに、ブルマーの話題に入るための「まくら」として語られたにすぎない。風説とはそういうものである。

また、百歩譲って「ソ連のブルマー、かっこいい」と感じた少女たちがいたとしよう。しかし、これまで学校が少女たちの憧れを制服に反映させたことがあっただろうか。ワンポイントが入ったソックスをはくことさえ禁止するのが学校である。もし、この件に関してだけ、少女たちの希望を聞き入れたのだとしたら、憧れと同等か、あるいはそれ以上だった恥ずかしさや嫌悪の感情をもまた反映させて、いったんは採用したとしても、すぐさま廃止されてもよかったはずだ。ところが恥ずかしさや嫌悪の感情を反映させるどころか、お尻の形をもろに見られることを避けるために上着をブルマーの外に出すことさえも禁止するなどして、この種の感情は無視され、抑圧され、密着型ブルマーはおよそ三十年にもわたって学校の女子体操着として「君臨してきた」のだ。

世界トップクラスの選手の服装が学校のなかに入り込むことがあるとしたら、それは運動クラブにおいてである。運動クラブでは、中学校や高校で体育の服装として採用される以前に、ジャージも密着型ブルマーも採用されてきた。先の掛水のデータで一九六五年以前に一〇％程度が密着型ブルマーだったと回答しているのは、そうした先行事例を含んでいるのかもしれない。

いずれにしても、オリンピック東京大会を見て、少女たちがぴったりブルマーに憧れたという根拠はないし、仮に憧れをいだいた少女たちがいたとしても、少女たちの憧れが学校の制服を変化させたなどと考えることはとてもできない。むしろ、少女の憧れと学校の制服は、欲望の方向性ではむしろ対極をなしているといってもいいくらいなのだ。

技術の進歩／業界の事情説

次に検討したいのは、化学繊維の技術進歩が伸縮性のあるジャージや密着型ブルマーの製造を可能にし、かつ市場の開拓を強力に進めていったことが急速な普及の原動力だという説である。

かつて日本の最有力輸出産業だっただけあって、繊維会社の社史はきわめて多い。しかし、ときに技術的な記述が勝ちすぎて素人には難しすぎたり、政府の方針と業界との関係などに重点が置かれすぎていたりして、ジャージがいつごろどのようにして日常生活に入り込んできたのかをつかむのは容易ではない。そのなかにあって、『倉敷繊維加工五十年史』にはそのあたりの事情が素人にもわかりやすく記録されている。のちの議論にも関係するので、少し長いが引用しておく。

「一九五〇年代後半から世界の繊維工業界で、『織物からニットへ』という最も重要な変革が起こった。なかでもニット外衣（ジャージー）の流行は著しく、世界的なジャージーブームをひき起こした。この理由の一つは、ニット製品の魅力とその生産性にあったと考えられる。ジャージー製品は、①伸縮性に優れ、軽くて機能的である②しわになりにくく、イージーケアである③シルエットが美しくファッション性がある（略）など織物とは異なった特徴を備えており、また生産面でも丸編機は織機より生産性が高く、準備工程もすくないというメリットがあった。

日本では一九六一年（昭和三十六年）、アクリル原糸を使用したジャージー時代が開幕し[4]」

表2は一九六一年から六四年にかけてのジャージの生産量を示しているが、六一年に一千万メートルだったものが、六三年にはその三倍、翌六四年には四倍の四千万メートルにまで増加していて、ジャージ素材がブームの様相を呈していたことがわかる。ちなみに『繊維ファッション年鑑』二〇〇〇年版の年表[5]には、ニットの台頭が六一年に、ジャージ時代の開幕が六三年に記載されているから、六四年のオリンピック東京大会までにはジャージ製品の生産体制が整い、あとは市場を開拓することが業界の急務だったことが推測される。もちろん、スポーツ衣料もまた有力な市場の一つだっただろう。その意味で、業界の事情はたしかに密着型ブルマーを含むジャージ

表2　ジャージの生産量（単位：万メートル）

年	チョップジャージ	糸売りジャージ	計
1961	500	500	1,000
1962	1,000	800	1,800
1963	1,800－2,000	1,200	3,000
1964（推定）	2,500	1,500	4,000

(センイジャーナル調べ。嶋津亨「技術ハイライト ジャージーの動き」「繊維と工業」第21巻第1号、繊維学会、1965年)
注：チョップとは素材メーカーが裁縫まで管理して商品化したものをいう

衣料普及のための必要条件だったといえる。

　こうした業界の動きをふまえてかどうかわからないが、先に引用した「週刊朝日」の記事に「繊維会社やスポーツメーカーが、表ナイロン裏綿のピッタリ型ブルマーを売り出し、大ヒット商品となった」という記述がある。この記述もあながち見当違いではないだろうが、あたかも業界が生産・販売を始めたらその動きが国民のニーズにマッチして急激に普及したかのような書き方には疑問が残る。

　学校の体操着は、ユニクロの服がヒットするような仕方でヒットするわけではないのだ。多くの場合は、「学校の指定」という要件が間に入る。学校によって密着型ブルマーと指定された場合にだけ、生徒は密着型ブルマーを体操着として着用するのであり、その際、生徒個人が選択できるのは、どのメーカーのものを選ぶかだけなのである。説明されなければならないのは、どうして全国の学校がある時期にこぞって密着型ブルマーを女子体操着として採用したのかだ。技術の進歩と業界の事情によってはその点を説明することができないのである。

運動機能向上説

　では、機能面での向上説はどうか。「週刊朝日」の記事にも「どーんと太ももを出すスタイルは、機能性バツグンである」とあり、少し恥ずかしいかもしれないが、機能面で優れているから学校の体操着に採用されたという含みをもたせている。もちろん、先に引用した『倉敷繊維加工五十年史』にも、ジャージ製品の特徴の筆頭に、「伸縮性に優れ、軽くて機能的である」ことがあげられているように、運動着としての機能性はまちがいなく優れている。たしかに綿のトレパンとジャージタイツを比べれば、ジャージのほうがはるかに動きやすいし、扱いも楽である。一九六〇年代半ばに運動クラブにいち早く導入された当時は、現在のものに比べてやや薄手だったから、いっそう軽くて動きやすかったのだが、動きやすすぎて、男子中学生はその下にサポーターと呼ばれるナイロン製の薄手のパンツをもう一枚はかなければならなかったほどだ。

しかし、ことブルマーに関しては、ちょうちんブルマーから密着型ブルマーに変わったからといって、動作面での機能はほとんど何も変わらなかったといえる。ゆったりしたちょうちん型は、そもそも動きを妨げないための工夫だったのであり、そのちょうちん型が伸縮性がある密着型へ変化しても、それでちょうちんブルマー以上に体を動かしやすくなったということはないのだ。動きやすさという意味での密着型ブルマーの機能は、すでにちょうちんブルマーで十分に確保されていたのである。ちなみに、手元にある一九六〇年代後半に売られていた「月桂樹優勝」ブランドのサイズ「大相」[6]のちょうちんブルマーを計ってみると、ウエストはフックをかける位置によって六十五センチから六十七センチまで調節可能で、ヒップ回りはひだをそろえた状態で腰回り八十二センチ(図15)、最大まで広げると百五十四センチまで伸びるようになっている(図16)。これだけの幅が確保されていれば、どんなに激しい運動をしようが、思い切りしゃがみ込もうが、およそ体育で想定される体勢はすべて十分に受け止められる。

にもかかわらず、あたかも機能が向上したかのように語られることがあるのはどうしたことか。筆者の想像だが、機能向上説は、着物から女袴、括り袴からブルマーへと変化するにつれて、女性が物理的にも心理的にも自由に体を動かすことができるようになってきた経緯を、ちょうちんブルマーから密着型ブルマーへの変化のうえにも無自覚に投影したのではないだろうか。明治以降、括り袴からブルマーへの変化が、女性の身体の解放の歴史だったとする流れのなかに密着型ブルマーを置いて、それでよしとしてしまった感が否めないのだ。世界陸上に出場するようなトップアスリートならいざしらず、体育の時間に着用する体操着である。仮にわずかな機能的向上があったとしても、そのことを理由に急激な普及を説明することにはやはり無理があるといわざるをえない。

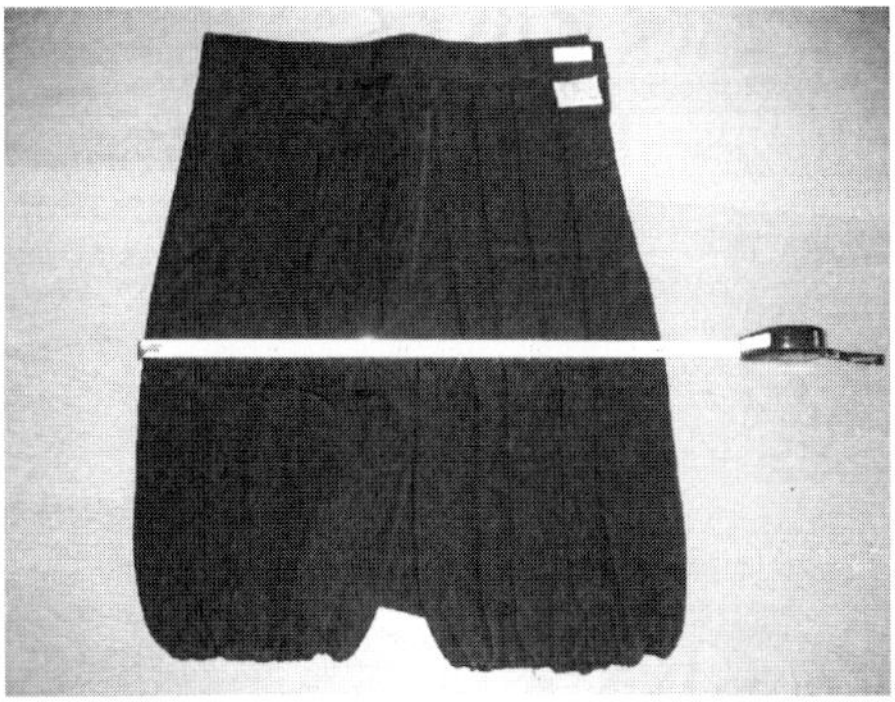

図15　ちょうちんブルマー

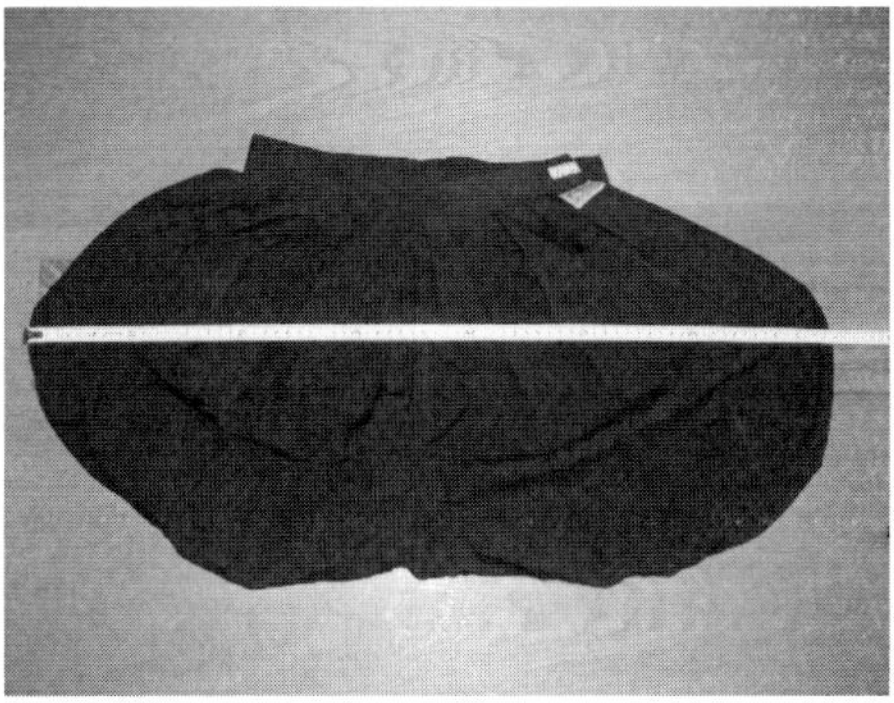

図16　ちょうちんブルマーのひだを伸ばした状態

消滅仮説

性的まなざし説

では、密着型ブルマーの消滅についてはどうか。普及時と同様に、まずどのように消滅していったのかについてふれておこう。消滅のプロセスについての統一的なデータはないが、折に触れて新聞社が調査したものがあるので、いくつかを紹介する。

「メーカーの東レが自社の生産量や取引先からはじいた試算によると、ブルマーの生産量は九〇年が全国で五百万枚、九二年が四百万枚、九四年は三百万枚に落ち込む見通し」(7)

「朝日新聞社が愛知県内の全日制全公立高校計百六十九校について調べたところ、現在、ブルマーを着用している学校は二十二校だけ。内五校は来年度からハーフパンツに切り替えることを決定、このほか検討中の学校も六校あった。また、今年四月からハーフパンツに切り替えた学校は三十九校、ここ三年以内で見ると、切り替えた学校は計九十校にのぼる」(8)

「大手の学生服・体育着メーカーによると、九三年度の生産量では、ハーフパンツ数万点に対しブルマー四十万点だったのが、昨年度はハーフパンツが三十万点に増え、四十万点のブルマーに迫った。今年度の生産計画では、ハーフパンツが四十万点に対しブルマーは三十万点で、逆転するという」(9)

こうした記事を見ると、地域差はあるものの、一九九二年から九三年ごろに密着型ブルマーのハーフパンツへの移行が始まり、九四年から九五年ごろにその勢いが加速し、おおよそ二〇〇〇年までには学校の体操着としての密着型ブルマーはほぼ消滅したといえるだろう。

そして、消滅に関する説明として最も流通しているのが、性的まなざし説である。つまり、こうである。一九九〇年初めごろから、ブルマーに対して、唐突に性的まなざしが向けられるようになり、そのまなざしが高じてブルセラショップに代表されるように、使用ずみの密着型ブルマーが商品として売買される事態さえ出現してきた。ブルマーの盗難事件も盛んに報道されるようになった。

その前段の兆候としては、一九八〇年代後半からの投稿写真雑誌の隆盛があげられる。そもそも素人がカメラを手に街やイベント会場を歩き、性的な関心をそそるようなハプニングを写真に収める現象が広がったのは、馬場憲治の『アクション・カメラ術[10]』の影響だっただろう。その後、そうした素人による写真を公表する媒体として、「投稿写真」などの投稿写真雑誌が次々と登場してきた。アマチュアカメラマンが運動会でブルマー姿の生徒を撮ったり、甲子園で応援するチアガールをローアングルで撮影したりすることが問題視されるようにもなった。

そして一九九〇年代に入ると、使用ずみセーラー服やブルマーを販売する通称ブルセラショップが出現し、売買されるものが下着にまで拡大したことで、マスコミもこの問題を取り上げるようになった。要するにブルマー少女に向けられる性的まなざしは八〇年代後半以降徐々にエスカレートし続け、学校としてもいよいよ無視できなくなるにいたり、ついに密着型ブルマーを廃止することになったというわけだ。

だが、本当にそうだろうか。密着型ブルマー姿の女子生徒に性的なまなざしが向けられるのは、何も一九八〇年代後半に始まったことではないのではないか。というのも、六〇年代後半に密着型ブルマーが初めて学校に導入された当時から、密着型ブルマーをはいた女子生徒を見た男子たちは見たいような、見てはいけないような複雑な感覚をいだいていたし、盗難事件も散発的には発生していた。ただ、そうしたことはあくまで生徒たちの私的な感覚にとどまり、盗難もまた学校内の「事故」として扱われていた。それが九〇年代のブルセラブームによって、性的まなざしが公然たるものになり、並行して流通ルートに乗るような大量窃盗のケースも現れるようになった。

つまり、密着型ブルマーに向けられた性的なまなざしは、一九九〇年代ににわかに発生したというよりは、ブルマーのシンボリックな意味を考察した角田聡美がいうように、「女子中・高生の身体とブルマーは性的な対象であることが白日の下にさらされた」[11]と表現するほうが的確だろう。それまではいわば「公然の秘密」だった密着型ブルマーに対する性的なまなざしは、九〇年代に入って秘密であること自体をやめてしまったのである。

しかし、なお疑問は残る。「性的な対象であることが白日の下にさらされた」あとにも、学校はしばしば密着型ブルマーの廃止に抵抗しているし、導入当初から羞恥や嫌悪の声は聞こえていたにもかかわらず、むしろ積極的に密着型ブルマーを維持してきたようにも見える。これはいったいどういうことなのか。また、それほど固執してきたものを、どうしてある時期を境にほとんど一斉に手放すことにしたのか。このことについてもより踏み込んだ説明が必要だろう。

本章では密着型ブルマーの普及速度を見定めたうえで、浸透と消滅に関する風説を検討してきたが、この検討を通してわかったのは、風説はやはり風説以上のものではないということである。誰もが知っているのに、いざ説明しようとすると誰にもできないこと——こういうことには案外、本質的な事柄が潜んでいるのではないか、というのが筆者の直感だが、この直感がどの程度的を射たものであるか、またもし大きく的をはずしていないとしたら「本質的な事柄」とは何であるのか。次章以降、さらに検討してみたい。

注

(1) 前掲「ブルマーの戦後史」
(2) 掛水は「ぴったりブルマー」の用語を使用しているが、本書では当初の方針にしたがってすべて密着型ブルマーと表記する。
(3)「週刊朝日」一九九四年二月十八日号、朝日新聞社、一四二ページ。この記事は掛水も紹介している。
(4)『倉敷繊維加工五十年史』倉敷繊維加工、一九九九年、四八―四九ページ
(5) 日本繊維新聞社編『繊維ファッション年鑑二〇〇〇 繊維二十世紀の記録』日本繊維新聞社、二〇〇〇年、一二―一三ページ
(6) 現代の子ども用衣服のサイズではLLに相当すると思われる。
(7)「朝日新聞」一九九三年十二月六日付
(8)「朝日新聞」一九九五年八月三日付
(9)「朝日新聞」一九九五年十月二十九日付
(10) 馬場憲治『アクション・カメラ術——盗み撮りのエロチシズム』(ワニの本 ベストセラーシリーズ)、

ベストセラーズ、一九八一年

(11) 角田聡美「スケープゴートとしてのブルマー」、前掲『ブルマーの社会史』所収、二四二ページ

第3章

中体連とブルマー

1　暗中模索

　体操服をどのようなものにするかは各学校の裁量に任されている。だから、密着型ブルマーが急速に浸透したのは各学校がほとんど一斉に採用を決めたからだと、ひとまずはいえるのだが、オリンピック東京大会の女子バレーボール決勝でソ連の選手がはいていたというだけで、その後十年足らずの間に全国津々浦々の学校が一斉に裁量をはたらかせて密着型ブルマー派になったとはちょっと考えにくい。学校は何事につけ冒険を避けたがる傾向があるし、加えて女子の服装にはことさらに気を配り、文部省の「体の線が露骨に出ない」という原則もある。それが比較的短期間に全国規模で変化したのだから、そこにはある程度の強制力を伴う何らかの組織的関与があったと考えるのが自然だろう。問題は、その組織的関与とはどのようなものだったかである。

　まず考えられるのは、文部省関連の委員会で学校体育の服装について議論したのではないかということである。しかし、国会内の委員会の議事録はもちろん、文部省が時々のトピックについて解説やら通達を載せる「文部時報」にも指令らしきものはいっさい見当たらないし、議論された形跡さえない。学校への通達があるとしたら各都道府県の教育委員会を通じてのことだろうからと、もちろんこちらの素性と目的を伝えたうえでだが、近隣の教育委員会へも問い合わせてみた。本題に入るとたちまち相手の口調は怪訝さを帯び始め、さらに「いわゆるちょうちんブルマーからぴったりブルマーに替わっていった状況を調べているのですが……」と説明を始めるとあからさまにこちらの素性と目的を疑う様子が伝わってくる。話を唐突に打ち切って電話を切られたこともある。失礼な話だ。だいたい教育委員会にしても、どうして人から訊かれて不愉快になるようなものを導入し、三十年あまりも積極的に維持してきたのか。疑問はますます募る。

　新聞記事のデータベースも役に立つ。一九六〇年代から七〇年代の記事を調べられるいくつかの新聞記事データベース[1]で、キーワードをいろいろと変えながら検索をかけてみたが、出てくるのはテーブルマナーやブルーマー博士の記事ばかりである。雑誌記事のデータベース[2]では学術論文を含むさまざまな記事を調べられるが、これも萩原美代子の論文など明治・大正期を対象とした研究があるのがわかるくらいで、それ以上の成果は得られなかった。大衆向け週刊誌ならこの種の話題は喜んで取り上げるだろうと、その手の雑誌の記事目録を収録している『大宅壮一文庫索引目録』[3]にもあたってみたが、期待に反して一九六〇年代・七〇年代にブルマーに関係する記事は一件もなかった。学校体育の計画や指導方法を解説した著書も数多くあるが、いずれも服装についてはまったく関心を示していない。

そのようなわけで、密着型ブルマー導入の経緯についての調査はたちまち暗礁に乗り上げるかたちになったのだが、こういうときこそ「現場に戻れ」である。官庁にも学校にもデータベースにも頼れないとなれば、この場合の現場は図書館以外にはない。とにかく女子体育関係の雑誌をかたっぱしから見ていくことにした。体育関係者の体操着に対する無関心ぶり、あるいは関心がないわけではないかもしれないが、あえて取り上げて語ろうとしない体質から考えて、密着型ブルマー導入自体に関する記事や論文が見つかるとはとうてい思えない。だが、それでも何かしらヒントになるようなことが載っているかもしれない。期待だけを頼りに探索を続けたのだが、こうしたこともやってみるものだ。

2　推薦と協力金

日本女子体育連盟

いつものように図書館地下の書庫に潜って雑誌をめくっていると、ある記事が目に飛び込んできた。雑誌は日本女子体育連盟の機関誌「女子体育」一九六八年十月号で、記事は会長の戸倉ハルから会員に向けたお願い文だった。

日本女子体育連盟というのは、初代会長となる戸倉ハルの呼びかけで一九五四年に設立された団体で、その目的は「女子体育に関心を持つ女子が相互に協力して、女子体育の振興をはかるとともに、第四回世界女子体育会議[4]を日本に招致すること[5]」である。とくに国際女子体育会議を日本に招致することは戸倉の悲願であり、連盟はそのための組織という色彩が強い。連盟は四年ごとの国際会議に次第に多くの参加者を送り出すようになり、国内でも全国女子体育研究大会を軌道に乗せるなどの努力のかいあって、六五年のケルン会議でようやく四年後の第六回・国際女子体育会議を日本で開催することが決まった。

しかし、会議の準備は思うように進まず、開催前年になっても「資金もなく、事務局もなかった[6]」。加えて三月には、国際会議開催の精神的支柱だった戸倉ハル会長が病に伏せた。事ここにいたって自力での準備活動はもはや困難と判断した連盟は、窮状を文部省体育局に訴え、全面的に文部省の指導下に入るとともに、援助を受けるために社団法人への移行手続きを進めた。

最後のお願い

資金面の問題も大きかった。会費や国からの補助金だけではとうてい足りず、学術団体を始めとする各種団体から協賛金を得るのに加えて、民間からの財政支援は不可欠だった。「女子体育」一九六八年十月号はそのような窮状のさなかに発行され、最後に「会員の皆様へ」と題する戸倉ハルの短い文章が掲載されている。戸倉はその前月に他界していて、文字どおり会長からの「最後のお願い」だった。

お願いの趣旨は、東洋紡・明石被服・長尾商事の三社が開発したスポーツウェアを日本女子体育連盟の推薦商品とすることにしたから、会員のみなさんはどうか自分が指導している学生・生徒たちにも勧めてください、というものである。通常の場合、推薦というのは業者が推薦料を払って団体から推薦を受け、そのことを商品の広告に使ったりパッケージに表示するというかたちをとる。こんなふうに会長がわざわざ勧めたりはしないものだ。では、この場合に限ってどうして会長直々にお願いをする必要があったのか。文章の最後を読むと、その事情がおぼろげながら浮かび上がってくる。こう書いている。

「商品の優秀さもさることながら、来年夏、予定されている日本女子体育連盟主催の国際女子体育会議の募金の協力も得ておりますので、連盟の趣旨などご理解の上、十分なるご利用という形での皆様のご援助、ご協力を切にお願い申し上げます」

つまり、翌年の国際会議のために、この三社からはすでに相当な額の資金を受け取ってしまっている、だから推薦は推薦でも、通常の推薦とはわけが違うことを理解して、なんとかみなさんよろしく頼みます、というのだ。

そして、そのすぐあとには「日本女子体育連盟のすいせん商品の販売に際して」と題する三社連名の文章と、推薦商品の詳細説明が掲載されている。そのなかで三社は、推薦商品の取り扱い店には「文部省教育研究助成団体　日本女子体育連盟　指定店」の看板がかかっているし、また、推薦品のパッケージのなかには戸倉ハル会長による「すいせんのことば」を書いたリーフレットが入っているから店も商品もすぐにわかるはずだとして、それぞれの写真まで載せている。親切なことだが、もちろんただ親切でしているわけではない。すでに多額の資金提供をしている以上、相応の見返りを期待するのは商売として当然のことである。そもそも、その資金がなければ国際会議の開催自体が危ぶまれたのではなかったか。もし許されるなら、自分たち三社がその危機を救ったのだといいたいところである。看板とリーフレットの写真は、その恩義に報いる方法を日本女子体育連盟の会員に具体的に示しているのである。

そうした観点から読むと「最後に、貴校のご繁栄と、日本女子体育連盟の今後の発展並びに、来年東京で開催されます国際女子体育会議のご盛会をお祈り申し上げます[7]」という丁寧な挨拶にも微妙に無視できない圧力を感じるし、また感じてもらわなければ意味がないというものだろう。

探求へのヒント

さて、こうして東洋紡・明石被服・長尾商事と一種の取り引きをした日本女子体育連盟が推薦商品として出したのは、トレーニングシャツやブラウスのほか、下半身に身に着けるものとしては次の四種類である。

・トレーニングパンツ（男女共） ポリエステル六五％　綿三五％　混紡パーマネントプレス加工
・トレーニングショートパンツ（男女共） ポリエステル六五％　綿三五％　混紡
・トレーニングタイツ（色物）　アクリル一〇〇％
・ジャージブルマー　ナイロン綿一〇〇％　交編

ここにはもはやちょうちんブルマーは登場していない。次年度へのはたらきかけを想定しているとすると、一九六九年度である。先の浸透グラフに照らし合わせれば、その時期は密着型ブルマーを採用する学校が五〇%を超える勢いで拡大を続け、逆にちょうちんブルマーがまさに姿を消そうとしているころである。だから、日本女子体育連盟と東洋紡・明石被服・長尾商事との取り引きが密着型ブルマー普及のきっかけを作ったとはいえないが、ちょうちんブルマーやショートパンツから密着型ブルマーへの流れに乗っていることだけは確かであり、またその流れを後押ししたこともまちがいない。

戸倉会長の「最後のお願い」でさらに重要なのは、「組織的関与」を考える場合、国や自治体や全国組織が意思決定をし、その決定を命令や通達として現場におろすといった組織の命令系統をイメージする必要はないのではないかと気づかされたことである。そのようなかたちとはまったく別に、教育世界の物事が動く場合があることを、会長の「お願い」は示唆している。

つまりこうだ。念願の国際大会を首尾よく開催できる見通しになったのは、三社の資金提供によるところが大きい。心ある会員は会長の遺言ともいえる「最後のお願い」になんとか応えたいだろう。選択肢は四つある。素材は丈夫だが伸縮性のないトレパンとショートパンツ、ジャージ製品のトレーニングタイツと密着型ブルマーである。機能性から考えればジャージとブルマー以外の選択肢はない。しかも世の中の流れは密着型ブルマーである。横並び意識が強い学校としては、心理的にもほかの選択肢はない。これは命令でも通達でもないが、進む方向は事実上決まっている。こういう仕方で学校の体操着が変化していくことがありうるということだ。

ただし、日本女子体育連盟は学校を単位とする組織ではないし、目的も国際女子体育会議を日本に招致することにあったから、全国の学校に及ぼす影響力には限りがある。ほかにもっと影響力のある組織、しかも一九六五年当時から密着型ブルマーを全国の学校に浸透させるだけの影響力をもった組織があるのではないか。そう思って調べてみたが、条件に合う組織はなかなか浮上してこない。もちろん、中学校を中心に体育関係の組織を調べていくと、中学校体育連盟（以下、中体連と略記）の名前がしばしば登場してくることには気がついていた。しかし、全国組織の中体連は都道府県中体連の連合体である。そのような連合体が密着型ブルマー導入への号令をかけるものだろうか。

3　中学校体育連盟

中体連は歴史がある組織だから、とにかくなんらかの資料はあるだろう。そう思って事務局に連絡をすると、先頃『設立五十年記念誌』（日本中学校体育連盟）を出したところだという。早速取り寄せてページをめくっていると、黒木晃による思い出話のなかにちょっと気になることが書いてある。

「ある日、ある衣料業者が訪れました。『体育衣料の推薦をお願いします。』私は『駄目です。』と断りました。当時の財政援助団体中学校体育振興会（略して中体振）でありました。中体振は昭和四〇（一九六五）年アオイ商事株式会社社長千種基氏の発議により尾崎商事株式会社社長尾崎房太郎《（ママ）》氏の協力により設立され依頼《（ママ）》二〇年にわたり多額の資金援助を全国中体連ならびに都道府県中体連にしておりました。中体振関係企業以外の推薦はしていませんでした」[8]（文中の尾崎房太郎は正しくは尾崎房次郎：引用者注）

　黒木は一九八〇年から九一年まで十二年間にわたって全国中体連の事務局長を務め、途中、八九年に財団法人に移行してからの六年間は専務理事も兼任している。とくに財団法人化に際しては中心的役割を果たし、苦労した分だけ印象も強く残っているにちがいない。その財団法人化のきっかけになったのが、撚糸工連系の業者が推薦依頼してきたのを断ったために、当時民社党の代議士が文部省に圧力をかけてきたことだったという[9]。ここで注目したいのは、ほかのスポーツ衣料業者が政治家の力を借りて割り込みを計りたくなるほどに、六五年以降の中体連とアオイ商事・尾崎商事との関係は魅力的だったという点である。

　どのように魅力的だったのかについては少し具体的な説明が必要だろう。全国中体連が中学校体育振興会を設立したのは一九六五年十月二十三日、国体開催地の岐阜で開かれた第十九回理事会でのことで、記録には「・千種基氏発議〜尾崎商事株式会社の協力で中学校体育振興会（略称・中体振……中体連の財的後援団体）創設。会長に澤畑泰二氏（前会長）が就任。・中体連が行う物品の推薦を中止」[10]とある。これでは簡潔すぎてわかりにくいかもしれない。

　さらに詳しい事情を、当時事務局長だった田中亨が座談会で次のように説明しているので引用する。

「中体連は金がないので、（昭和）三二年に、二〇〇〇円に増額したあと会費の値上げが出来なくて（昭和）三九年オリンピックの年の東京都西戸山中学で臨時の理事会を開き、財源を得ることについては、水着の推薦について株式会社葵の千種氏の協力があり、また、教育設備助成会協賛会社の商品ラッキーベルシューズを推薦することの了解を得てなにがしかの収入を得た。

その後、昭和四〇年後半に千種氏の提唱と、それに尾崎商事株式会社の協力で、全国中学校体育振興会を結成、前会長沢畑泰二先生に振興会会長に就任いただき、中体振マークの売買という形で、相互に信頼関係を保ちながら、中体連の活動資金を生み出そうと発足しました」[11]（（　）内は引用者）

座談会への出席者は関係者ばかりだから、これで十分な説明になっているのだろうが、部外者にはまだわかりにくいかもしれない。わかっている範囲で補足しておこう。通常、体育関係団体がいくばくかの収入を得ようとするとき、まず考えるのは、団体による「推薦」とか「認定」というお墨付きを与え、業者が対価を支払うという方法である。中体連も推薦を出している。しかし、それでは必要な資金にまったく足りない。建前上、中体連による「推薦」はあくまで青少年のスポーツ振興と心身の健全な発達のために、学校で使うのにふさわしく安価で確かな機能をもつスポーツ衣料や道具の目安とするものである。団体による推薦は格好の宣伝材料だが、法外な金額を要求できる性質のものではない。かといって、国庫補助をもらうような組織が特定の業者に特別な便宜を図るのと引き換えに多額の資金を得るという営利活動のようなことも表立ってはできない。

そこで、中体連は形式上まったく別組織の任意団体として全国中学校体育振興会（以下、中体振と略記）を設立し、そのシンボルマークの使用権を尾崎商事とその関連会社に独占的に与えることと引き換えに必要な資金の提供を受けることを考えた[12]。しかも、ほかの物品、たとえばボールやシューズなどに出していた「推薦」をすべてやめてしまうというのだ。相当思い切った策である。

ところで、まったく別組織のシンボルマークを商品に付けたところで意味がないのではないかと疑問に思うかもしれない。しかし、全国中体連のシンボルマークと中体振のシンボルマークを見比べればわかるように、中体振のマークは全国中体連のマークの内側に「振」を書き入れたもので、全国中体連と中体振が一心同体であることをマークが主張している（図17を参照）。

図17　全国中体連マーク（左）と中体振のマーク（右）

それだけではない。「全国中体連規約」（昭和三十五年改訂版）第十七条に「会長は全日本中学校校長会会長を推薦し理事会において承認し」とあるように、全国中体連の会長は代々全日本中学校校長会の会長が務めることになっている。振興会の初代会長になった沢畑も、全日本中学校校長会の会長経験者である。加えて、都道府県中学校校長会の会長は、その都道府県中体連の会長を兼務していることが多く、中体連と中学校校長会の骨格部分は事実上ほとんど同じメンバーによって構成されている。組織構造も「全国―ブロック―都道府県」と中体連と校長会は同じピラミッド型を形成している。中体連の資金難を救うために、全国の中学校が協力する構造的な仕組みだけはすでに用意されていたといえる。

ただし、中体連と校長会との構造的相同性は、必ずしも校長がそれぞれの学校で密着型ブルマー導入に向けて積極的にはたらきかけることを意味しないし、まして尾崎商事の利益を保証するものではない。条件が整っているからといって、中体振方式がどれほどの成果を生み出すか、実のところ誰にもわからない。だが、ねらいだけははっきりしている。中体連は毎年安定した資金を確保したい。しかもその額は大きいほどいい。一方、尾崎商事は中体振方式によって販売実績が上がるならば、利益の一部を支援金として支払うのはやぶさかではないが、あらかじめ多額の支援金を約束するようなリスクは避けたい。相談の結果、ある一定金額を最低限の支援額として設定し、あとは販売実績で毎年の支援額を決めることになった。販売実績による支援額は、中体振マークを付けた製品一点につき十円。これが全国中体連と都道府県中体連とに配分される仕組みである。

中体振方式による資金確保

中体振方式は、結果として関係者の予想をはるかに超える成功を収めた。表3は全国中体連（都道府県中体連の分は含まず）の主な収入源と金額を、『三十周年記念誌』の記録をもとに作成したものだ。主な収入源は、会費と中体振からの資金援助と国庫補助である。会費の項は、値上げの様子も見て取れるように会費単価を記載したが、総額は金額をおよそ五十倍すればいい。さて、中体振方式によって、中体連全体としてはどのくらいの資金を獲得したか。

中体振からの資金援助は一九六六年から始まっているが、初めの二年間ははっきりした金額が書

表３　全国中体連のおもな収入源（単位：円）

	年会費	中体振から	国庫補助	備　考
1954年（昭和29年）				
1955年（昭和30年）	1,000			（全国中体連創立）
1956年（昭和31年）				
1957年（昭和32年）	2,000			
1958年（昭和33年）				
1959年（昭和34年）	3,000			
1960年（昭和35年）				ローマオリンピック
1961年（昭和36年）	3,500			スポーツ振興法
1962年（昭和37年）			30万	
1963年（昭和38年）	5,000		50万	
1964年（昭和39年）			50万	東京オリンピック
1965年（昭和40年）	10,000		45万	（中体振設立）
1966年（昭和41年）		?	50万	
1967年（昭和42年）		?	46万	
1968年（昭和43年）		105万	16万	
1969年（昭和44年）		115万	50万	
1970年（昭和45年）	15,000	115万	50万	
1971年（昭和46年）		210万	47万	
1972年（昭和47年）		247万	47万	
1973年（昭和48年）		500万	48万	
1974年（昭和49年）		?	150万	
1975年（昭和50年）		500万	86万	
1976年（昭和51年）		500万	0	
1977年（昭和52年）		970万	0	
1978年（昭和53年）		924万	0	
1979年（昭和54年）		1,096万	1,000万	
1980年（昭和55年）	90,000	1,258万	2,100万	
1981年（昭和56年）		1,400万	2,100万	
1982年（昭和57年）		1,509万	2,100万	
1983年（昭和58年）		1,600万	?	（中体振解散）
1984年（昭和59年）		(2,000万)	2,000万	

年（年会費は1都道府県あたりの金額）

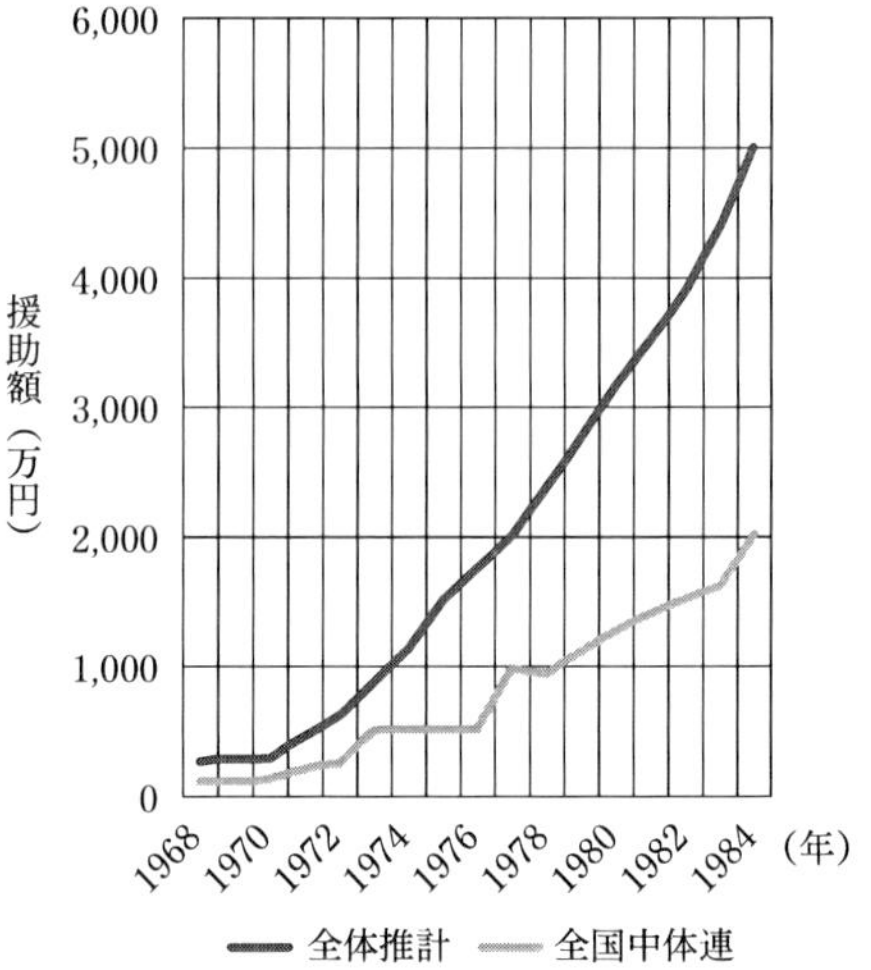

図18　全国中体連と都道府県中体連を含む中体連全体への中体振からの援助額推計

かれていない。ただし六六年と六七年に中学生選抜水泳大会の共催者分担金として中体連は四十五万円と三十五万円を払っていて、中体振からの援助金をあてたことが記録されている。当時を振り返って、発足以来三十年間、事務局長の任にあった田中亨が次のように述べている。「（中体振から昭和）四二年度は全国で約四〇〇万円の財政的援助を受けた。全国水泳大会の中体連負担金もこの援助金から支出してきた」[13]（（ ）内は引用者）。田中の回想と記念誌の記録とに矛盾はなく、そのまま信用すれば、六七年度に全国中体連と都道府県中体連が中体振から受けた援助金は総額約四百万円である。また、八四年度に全国中体連が中体振から受けた援助金が二千万円、都道府県中体連が受けたのが三千万円だから、総額五千万円。これまでのところでわかっている金額をグラフ上にプロットして、線で結んだのが図18である。

全国中体連が中体振から受けた援助額は実績を表していて、総額は現時点でわかっている二点をできるだけ全国中体連のカーブに沿うように描いた推定曲線である。数字だけでは実感がわきにくいが、こうしてグラフにしてみると、中体振方式を実行に移した一九六六年から二、三年はやや緩やかな上昇カーブを描き、その後の十数年間はまさに鯉が滝を昇るような勢いでみごとに跳ね上がっている様子が見て取れる。

尾崎商事の協力

中体連が多額の援助金を得たというだけではもちろんない。尾崎商事もまた「中体振」方式に協力することで飛躍的に業績を向上させた。尾崎商事のパンフレットはその点を次のようにさりげなく書いている。「昭和四一年には、全国中学校体育振興会より全国唯一の体育衣料指定メーカーに推せんされ、これにより体育衣料が学生服と並ぶ二本柱として経営の安定に大きく貢献した」[14]。もともと学生服の大手メーカーとして知られる尾崎商事が一九六六年の中体振方式以降、体育衣料が学生服と並んで経営の二本柱になったというのだから、書き方はさりげないが、もう一つ会社ができるほどの業績を安定して残したということである。

尾崎商事のブランド名はカンコー（菅公）である。「中体振」方式の実施以来、カンコーブランドのスポーツウエアには中体振マークを付けて販売した。種類はトレーニングシャツ、ショートパンツ、ジャージの上下、密着型ブルマー、それと水着である。ちょうちんブルマーもトレパンも扱ってはいない。中体振マーク付きの飛躍的な販売実績、すなわち普及はまぎれもなく「中体振」方式の発明によるものであり、「中体振」方式こそが全国の中学校に密着型ブルマーを急速に普及させる原動力だったと考えてもよさそうだ。

しかし、それで疑問が解けたわけではない。そもそも会費千円から始まった全国中体連がいつごろから、どうして多額の資金を必要とする組織になってしまったのか。この点が明らかにならなければ、なぜ全国中体連が財政援助団体として「中体振」を必要としたのかもわからない。また、ジャージの上下も密着型ブルマーも全国中体連が決めたわけではない。女子用の体育着として、ちょうちんブルマーの代わりに密着型ブルマーを製造・販売することにしたのは尾崎商事である。これまで日本のどの学校も体育着として採用したことがないものを、あえて製造・販売した尾崎商事の勝算はどこからきているのか。また中体連と校長会が構造的に似ているとしても、そのことと各学校が密着型ブルマーを採用することとは別である。学校はほかのメーカー製のちょうちんブルマーを維持することもできたはずだ。なのに、多くの学校は密着型ブルマーの採用へと傾いた。何がそうさせたのだろうか。こうした点を考えるために、次章では中体連の設立から変貌にいたる過程について検討しよう。

注

(1) 新聞記事データベースとして利用したのは、「朝日新聞」の「聞蔵Ⅱビジュアル」、「読売新聞」の「ヨミダス歴史館」、「毎日新聞」の「毎索」である。

(2) 雑誌記事データベースとしては、国会図書館の「雑誌記事索引」や「Magazineplus」を利用した。

(3) 大宅壮一文庫創立十周年記念索引目録編纂委員会編『大宅壮一文庫索引目録――人名索引・件名索引・主要雑誌目録』大宅壮一文庫創立十周年記念索引目録編纂委員会、一九八〇年

（4）正式には国際女子体育会議である。
（5）安藤幸ほか編著『日本女子体育連盟二十年の歩み』日本女子体育連盟、一九七五年
（6）同書七ページ
（7）「女子体育」一九六八年十月号、日本女子体育連盟、四六ページ
（8）黒木晃「稽古照今――秘話」、日本中学校体育連盟『設立五十周年記念誌』所収、日本中学校体育連盟、二〇〇六年、三八ページ
（9）この代議士は、このすぐあとに「撚糸工連事件」として知られる贈収賄事件で逮捕される。
（10）全国中学校体育連盟編『全国中学校体育連盟創立三十周年記念誌』全国中学校体育連盟、一九八五年、四五ページ
（11）同書七三ページ
（12）記録にはないが、何かにつけ文部省体育局と相談しながら事を進めてきた中体連のことだから、この件についても体育局から問題なしと事前了解を得ていたと思われる。またこの方式は一九八〇年代にＩＯＣ（国際オリンピック委員会）の収入源確保の方式であるＴＯＰ（The Olympic Partner）制度を先取りしたものともいえる。ＴＯＰ制度は一業種一社に限り、世界中で五輪のシンボルマークやマスコットを独占的に広告・宣伝に使うことを許可するものである。このアイデアを提案したのもＩＯＣではなく、メーカーのアディダス社だった（参考：「朝日新聞」二〇一三年八月四日付）。
（13）前掲『全国中学校体育連盟創立三十周年記念誌』一一ページ
（14）尾崎商事『GROW-UP OSAKI――成長への前進　創業百三十周年』七ページ。尾崎商事パンフレット。発行年不明だが、百三十周年は一九八四年。

第4章 全国中体連の設立と変貌

1 都道府県中体連の設立

中体連の変容を見るには、そもそも中体連とはどのような組織なのかという点から始める必要がある。中学校体育連盟（中体連）は敗戦後すぐに各都道府県単位で設立された。おそらくGHQの情報・教育方面の担当部局であるCIE（＝Civil Information and Education Bureau：民間情報教育局）からの指令だったのだろう、一九四七年以降、各都道府県であわただしく中体連設立の動きが始まった。ある県の中体連の設立に関わった中学校長の回想によれば、県の学校教育課からある日、突然電話があり、「中学校体育連盟をつくるからちょっと来てくれませんか」[1]という具合だったらしい。学校現場を軸とする組織だから校長が会長を務めることが多かったが、調整が間に合わないところでは県の教育部長が会長、体育課長が副会長というところもあった。[2] 事務局も多くの場合は役所内に置かれた。

それだけ中体連の結成は急務だったし、また従うべき指令として受け止められていたということだろう。中体連の仕事は体育関連設備や体育道具の配給と、「新教育指針」で示された民主主義教育としてのスポーツを各学校に根づかせることだった。そうしてすぐに学校の授業としてスポーツが始まり、近隣学校同士の試合が組まれるようにもなった。

「米国教育使節団報告書」

「民主主義教育としてのスポーツ」の発想は、一九四六年三月に提出された「米国教育使節団報告書」からきている。報告書は、日本に民主主義を根づかせるために学校教育の変革が不可欠であることを強調するが、ただ「民主主義」を唱えるだけではダメだという。「民主主義的道徳から生まれる政治的作法は、議会的な諸規則、及びこれらの規則によって行われるいろいろの慣習の中に見られる。かような形式上の手続きを経なくては、公の会合を開くことは不可能であり、したがって共通の識見を引き出して、これを共同の行動として結集せしめることも不可能である。これが政治において広くスポーツマンシップ（競技者精神）が行われるゆえんであり[3]」とスポーツの必要性を説明する。

つまり知識として知っているだけではなく、日頃から実践することのなかに民主主義的態度が組み込まれ、とくに意識しないでも自然にそのように振る舞えるように身体化されることが必要というわけである。つまりスポーツを勧めるといっても、単に「身体を強壮にし、調整し、身体的の技術を教授する」だけではだめで、「スポーツマンシップと協力の精神とが有する固有の価値を、学校は認識すべき[4]」だというのである。戦中・戦後の栄養不良のなかで虚弱になった児童青少年の身体を強健にすることはもちろんだが、それだけではなく、スポーツを教育手段として、民主主義の発想を当たり前のこととして定着させようとする意図がここには明確に読み取れる。だから勝つために大和魂を唱えたりするなどはもってのほかなのであり、明確なルールの下で互いに協力し合い、競争することを通して、すべての子どもに対して民主主義的態度の形成を促す。これが報告書がいう学校スポーツの意義だった。

「新教育指針」

この報告書を受けて二カ月後に文部省が作成した「新教育指針」では、体育について次の諸点が強調されている。

- 国家主義を否定して、個人の健康とスポーツマンシップを養成すること。
- スポーツエリート主義を否定して、すべての子どもにスポーツの機会を与えること。
- 勝利至上主義を否定して、個人の性別・体格・技術に応じた目標と実践をおこなうこと。

三番目に否定されている勝利至上主義は、体格・技術・訓練に見合わない勝利にこだわれば必然的に精神主義に走らなければならなくなるという意味で、精神主義もまた否定されている。精神主義から脱するには、上達のいずれの段階でも科学的な発想が求められるが、この科学的発想こそが戦前までの教育に最も欠けていたものなのである。このことを反省して「指針」は次のように書く。「科学教育について、はなはだ冷淡であり、むしろ、誤った考えすら抱いていた。すなわち科学教育を「知育偏重」と混同して、これを有害なものと考える人びとすらあった」「また日本人は、物事を取り扱うのに、「勘」とか「骨（こつ）」とかいわれるような、主観的・直感的な力にたより、客観的・合理的な方法を発展させることを怠った。たまたま、その勘や骨に恵まれた天才的な人間が、優れた技術をもつことができても、それを、規則だった方法の訓練によって、多くの人びとに学ばせたり、後世の人々につたえたりすることが、できなかった。さらに日本人は権威や伝統に盲従して、これを批判する態度がとぼしく、感情に支配せられて、理性をはたらかせることが少なく、目や耳にふれぬ無形のものを尊敬して、物事を実証的にたしかめることが不得手であり[5]」

ここまで反省しなくてもいいだろうにというほどの反省ぶりだが、これほど書いてもこれまでの「日本の伝統」は容易には改まらなかった。

2　文部省のやり方

ＣＩＥからの指令はもう一つの回路、文部省からの通達として各現場に届いている。具体的な指令として出された最初の通達の内容は、対外試合の制限というきわめて地味なものだった。ただ、今後の展開に重要な意味をもっているので少し詳しく見ておく。この通達は「学徒の対外試合について」[6]と題して、一九四八年三月に都道府県知事宛てに文部省体育局長名で出されたもので、内容は次のとおりである。

「学徒の対外試合は学校体育の一環として重要な位置を占めるものであり、それが真に教育的に企画運営されるならば学徒の身体的発達及び社会的性格育成のよい機会としてその教育的効果は極めて大きい。しかしながらその運用の如何によっては、ややもすれば勝敗にとらわれ、身心の正常な発達を阻害し、限られた施設や用具が特定の選手に独占され、非教育的な動機によって教育の自主性が損なわれ、練習や試合の為に不当に多額の経費が充てられたりする等教育上望ましくない結果を招来するおそれがある」として、「中学校では宿泊を要しない程度の小範囲のものにとどめる。但しこの年齢層では対外試合よりもはるかに重要なものとして校内競技に重点をおく」としたほか、選手を固定しない（育成選手の否定）とか、生徒を対外試合に参加させるときは、試合の性格を校長と教師が見極めよなどの指示がなされている。

通達の前半は「米国教育使節団報告」や「新教育指針」に示された方針を繰り返したものであり、後半は「対外試合」を標的に、きわめて具体的な指示になっている。その戦略は実際、的を射たものであった。学校での教練や武道系の種目はすでに廃止されている。民主主義教育としての体育を阻害する勝利至上主義や精神主義が、具体的には対外試合のためと称して現れることを文部省はよく知っていた。また、はっきりとは明記されていないし、書けるものでもないが、暗黙には競技団体（＝スポーツ大日本派）を念頭に置いて、通達はその暴走に対抗する根拠を都道府県や学校に与えると同時に、実際に対抗せよという指示でもあった。

3　スポーツ大日本派

一方、各種目の競技団体は、基本的に戦前の大日本体育協会の精神を受け継いでいた。大日本体育協会は一九一一年（明治四十四年）の設立で、オリンピック・ストックホルム大会への参加を目指して結成されたものだが、その精神においては「国際場裡に広く日本人の優秀性を誇示し、国民外交上に貢献し、又内にあっては国民の士気振作」(7)に尽くすことを使命としていた。四一年（昭和十六年）にはすべての生徒・学生を戦時体制に組み入れるために大日本学徒体育振興会が設立され、翌年には大日本体育協会もまた戦時体制に組み入れられて、総理大臣を会長とする大日本体育会となった。だが、四五年の敗戦でこれらの組織はいずれも解散し、大日本体育会は新たに日本体育協会として出発することになった。

しかし、戦前の大日本体育協会の使命だった「国際場裡に広く日本人の優秀性を誇示し、国民外交上に貢献し、又内にあっては国民の士気振作」は敗戦後の日本にこそ必要と考えるスポーツ関係者は少なくなかった。敗戦で国土が疲弊し、国民の多くが飢えて自信を喪失しているときに、日本の存在感を示し、国民を元気にする方法はスポーツでもう一度世界をあっといわせることだと信じる人々（スポーツ大日本派と呼ぶことにする）はそのためにエネルギーを注いだ。それは国民全体がするスポーツではなく、国民が応援で盛り上がるような勝てる選手の育成を意味していた。その急先鋒となったのが、日本水泳連盟と日本陸上競技連盟だった。

日本のスポーツ界や政界が水泳と陸上をとくに重視するのには理由がある。

陸上は、唯一世界的な大会だったオリンピックの華であり、世界の注目度も高い。オリンピック後半の盛り上がりは各国の陸上選手の戦いぶりにかかっている。しかも、戦前の日本は走りこそダメだが、跳ぶほうはそれなりの成績を残していた。南部忠平や大島謙吉が三段跳びでメダルを獲得し、棒高跳びでも西田修平や大江季雄がメダルをとっていた。敗戦日本が「ダメ日本」ではないことを世界に示すにはなんとしても決勝に残り、優勝しなければならない。「新教育指針」でも激しく反省しているような「感情に支配せられて、理性をはたらかせることが少なく、目や耳にふれぬ無形のものを尊敬して、物事を実証的にたしかめることが不得手」であることなどなんのその、戦前にできたことは敗戦後もできると信じ続けたのが、敗戦後日本のスポーツ大日本派だった。

かたや水泳は、オリンピックでの戦前日本の栄光を象徴する種目である。一九三二年のオリンピック・ロサンゼルス大会では男子六種目中、五種目で金メダル、四種目で銀メダル、二種目で銅メダルをとり、百メートル背泳では金・銀・銅のメダルを日本が独占する独壇場だった。女子でも二百メートル平泳ぎで前畑秀子が銀。三六年のベルリン・オリンピックでも、成績はやや下降ぎみであるものの、男子六種目中、金メダルが三つ、銀メダル二つ、銅メダル五つである。女子二百メートル平泳ぎでは、ラジオの実況で「前畑がんばれ」の応援を受けた前畑秀子が金メダル。敗戦国日本が競泳で勝つことは戦前の栄光を取り戻すことでもあった。

4 敗戦後の期待と落胆

古橋への期待

敗戦後、水泳でその期待を一身に背負ったのが古橋廣之進だった。古橋は一九四七年の日本選手権で四百メートル自由形の世界記録を出している。だが、日本は国際水泳連盟を除名されていたために、戦後初のオリンピックである四八年のロンドン大会には参加を認められていなかった。そこで日本水連は当て付けのように、オリンピックでの競泳決勝と同じ日に日本水泳選手権大会を開催し、古橋は四百メートルと千五百メートルの二種目で世界記録を上回る記録を出し、その記録は当然ながらオリンピックの優勝記録をも上回るものだった。そうなると日本水泳連盟（以下、日本水連と略記）を始めとする日本スポーツ界、マスコミ、政界は一刻も早くオリンピックに出て、日本の実力を世界に見せつけたくてしかたがない。

一九四九年に国際水泳連盟への復帰が認められ、日本はいよいよ次回オリンピックに出場できることになった。八月にはアメリカの全米選手権に招待され、またしても古橋が四百メートル、八百メートル、千五百メートルで世界記録を出し、アメリカの新聞で「フジヤマのトビウオ」と称賛されたことが、日本人のナショナリズムをたまらなくくすぐった。

そうしていよいよ一九五二年のヘルシンキ大会である。ようやくかつての栄光を取り戻し、日本の存在感を世界に示すときがきたと期待されたが、結果はまさかの惨敗だった。古橋は、メダルどころか入賞することもできなかった。日本選手全体としても八百メートルリレーを含む三種目で銀メダルをとるにとどまった。ちなみに、陸上競技はメダルを一つもとれないまま終わっている。

期待と結果とのあまりにも大きなギャップは競技団体だけでなく、政界にも少なくないスポーツ大日本派に失望と衝撃を与えたにちがいない。次世代の選手育成は急務である。不満が文部省の規制へと向かったのは必然の成り行きだった。戦後のスポーツ政策を研究する関春南によれば、水泳連盟の高石勝男(8)は「ヘルシンキの敗因は主力が年をとりすぎていた。（略）戦前は小学校で水に入り、中学校で基本訓練をうけ大学で仕上げをするという一本の線がつながっていた。いまはそれが切断されている。一二～一八歳までの一番重要なときが空白になっている。現在のように中学生の競技会を制限しないで、日本の水泳に完全な一本の成長線を通してもらいたい」と主張し、田畑政治(9)も「いまの日本に若い優秀な選手が出て教育上なぜ悪い。これを伸ばしていくのが教育の本質ではないか」と痛烈に批判したという(10)。日本水連を始めとする大日本派の競技団体は、なんとか大規模な大会を開催して、優秀な選手たちが地域を超えて切磋琢磨する機会を作りたい、せめて各地域ブロックでの中学生大会を開催できないか、と願っていた。しかし、先の通達のために表だって開催ができないのが実情だった。

競技団体の圧力と文部省の対応

そこで競技団体はいろいろな工夫をした。「研修会」と称して全国の優れた選手を集めて競技会をおこなったり、各ブロックでは、名称こそ「大会」と名乗らないまでも、しばしば大会と同様の競技会を開催したりしていた。もちろんその場合、中学生選手は学校の代表として出場することはできない。多くは個人として、ほかの者は民間クラブ所属として出場した。したがって事実上、大規模大会も開催されてはいたのである。国内だけではない。実は、一九五二年のオリンピック・ヘルシンキ大会では、通達を無視して、自由形に中学生（十四歳）の宮部シズエを何食わぬ顔で出場させてもいる。このことは代表選考の際に新聞でも報道されている（たとえば一九五二年六月二十三日付の「朝日新聞」は、見出しで「水上五輪代表決る　一四歳の宮部嬢も」とあからさまである）にもかかわらず、事前に問題視された形跡はない。すべてが終わった十一月になってようやく日本体育協会理事会で問題として取り上げられたが、「特殊事情」だったとして片付けられた(11)。

実態としてはこんなふうだったが、やはり競技団体は不満である。なんとかして堂々と全国大会を開きたい。いい記録を出した者には表彰をしてやりたいし、新聞にも出してやりたい。それだけではない。できることなら世界大会にも参加させてやりたい。世界の強豪と競い合う経験を積まなければ、世界で勝てる選手の育成などできるものではない。大日本派でなくても、スポーツを知っている者なら当然の主張であり、文部省の規制はなんとかごまかせるとしても、やはり通達はじゃまである。

スポーツ大日本派が通達を緩和するよう圧力をさらに強めていたのに加えて、一九五三年に衆議院で東京オリンピック誘致を決議したことも文部省に対する強力な圧力となった。サンフランシスコ講和条約締結とその公布によってすでに連合軍は撤退しており、GHQの後ろ盾を失っていた文部省はこうした国内勢力の圧力に抗しきれず、五四年、ついに先の通達を撤廃し、新たに「学徒の対外競技について（通達）」を出さざるをえなくなった。宛先は各都道府県教育委員会、知事、国公私立大学学長、国公私立短期大学学長、各国立高校長で、通達の名義は文部事務次官である。新しい通達では、先の通達以後「実施に関して、いろいろな問題が生じてきています」として、基本的には以前の通達を継承するかたちをとりながら、次の諸点を付け加えている。

・学徒の対外競技は学校教育の一環としておこなう。
・学校を代表しないで競技会に出場する場合もこの基準によって指導する。
・宿泊を要しないでできる隣県とブロックの大会は、当該県の教育委員会の責任で開催されるかぎりさしつかえない。
・個人競技では、世界的水準に達している者とその見込みがある者を、別に定める審議機関の審査を経て、個人として全日本選手権大会や国際競技に参加させることができる。

この改訂によって、これまで競技団体の主催で開催していたブロック大会を既成事実として認めたうえで、その大会に教育の網をかぶせることになった。同時に、中学生個人が全国大会や国際大会に参加できる道も開かれた。スポーツ大日本派の言い分をほぼ丸のみしたかたちの規制緩和だが、それでも文部省としては、中学生を教育の枠内に置いておくことだけは譲れない一線だった。その妥協点がこの通達で、要するにこの通達がいったのは、現におこなわれてしまっているものを追認したうえで、それもまた教育の一環だと言いくるめることだった。とはいえ、実際のところ「教育委員会の責任」はどのようにすれば果たせるのか、また「全日本選手権大会や国際競技」をどのように「学校教育の一環」とすることができるのか。現場にあってこの難題を引き受けることになったのが各都道府県の中体連だった。

一方、この通達が出されたからといって、中学生の全国大会が許容されたわけではないし、そもそも「世界的水準」に達している中学生がどれほどいるというのか。大日本派はまだまだ不満である。なんとかして日本の中学生全体の底上げが図れるような全国大会を認めさせたい。

5　全国中体連の誕生

競技団体は日本陸連も日本水連も全国組織である。しかも、日本陸連などは有力政治家が歴代会長を務めているのに対して、各地方中体連はたかが中学校長の集まりである。競技団体が大規模大会を強行する姿勢を強めるのに対して、各都道府県の中体連がその動きを阻止するのはほとんど不可能だった。全国組織には全国組織での対抗が必要である。そうして全国中体連結成の機運が高まり、東京都中体連が中心となって設立に動きだす。

東京都中体連理事長の野口彰の名で全国教育長協議会に宛てた要望書に、全国中体連設立の趣旨が簡潔に述べられている。そこにはこう書かれている。

「けれども、各種の大会が盛んに開催され、独立日本として世界の檜舞台に活躍できる現在になりますと、小範囲の大会では満足できず、大規模の大会を開催したい希望を持つも人情かと思われ、殊にスポーツの技術と記録の向上を願う競技団体としますれば中学生の全国大会開催や全日本選手権大会に参加を要望することは無理ならぬことと思われます。昨秋以来そうした要望も出ているとも聞いております。然しこれは中学生の直接の指導の任におります私どもとしましては斯様な大規模の大会開催を是認できましょうか、義務教育下にある中学生の精神的、身体的発達の段階から考え、且つまた経済的にも運営面からも教育的指導の立場から到底承服することはできません。そうした場合これを防止し、信ずる道を推し進めるには、一都道府県の中体連の力のみでは及びません。同じ中学生を対象とし、同じなやみを持つ各連盟が互に緊密な連携を持ち、ことごとに協議し、対処し、強い力を以て所信を貫徹するにしくはありません[12]」

全国中体連の設立に関しては、もう少しくだけた言い方をしているものが回顧のかたちでやはり全国中学校体育連盟『創立十周年記念誌』に掲載されている。

「ブロック大会や全国大会が開催されては直接の被害者はわれわれ中学だから、ぜひそうした大会をやらせないいいいいように思想統一をはかろうではないか。又スポーツ団体に押されないようにするには、われわれは大同団結をしてかからなくてはならない。ということで全国中体連が結成されたと記憶する。さらにオリンピック東京大会が決まると、そのあたりはたいへんだから、この辺で全中の結束をし地域の状況報告交換をして共同線を張らなくては、単位団体だけでは防ぎきれない。通達の真意を厳守しようではないかと言ったことで全中が生まれたことは御存知の通りである。個々の力では防ぎきれないというのが誰もが発言し、誰もが考えたことだった[13]」（傍点は引用者）

そういうわけで、都道府県中体連の連合組織としての全国中体連は一九五五年七月に誕生し、会長には全日本中学校長会の会長が就任することになった。中体連が全国組織ということになれば、文部省とも直接に相談できるし、連携もより強いものになるはずだという思惑である。そして体制は整った。しかし、中体連の本当の試練はここから始まることになる。

6　オリンピックの東京開催決定

通信水泳と放送陸上

一方、どうしても全国大会をしたい日本水連と日本陸連は奇妙なことを考えだした。中学生を対象にした全国大会ができないのであれば、せめて全国大会風なことをしようというわけだ。全日本中学校水泳通信競技大会、全日本中学校放送陸上競技大会という名称の全国大会を一九五五年の夏から始めたのである。

水泳通信競技大会というのは「府県ごとに男女別学校対抗の競泳を同日全国一斉に開き、参加各府県の全種目の決勝記録を朝日新聞通信網により即日東京の日本水泳連盟に集め、審査のうえ、全国の成績順位を決定するもの[14]」であり、放送陸上競技大会のほうは同じことをＮＨＫの連絡網によっておこなうというものである。水泳は新聞社の通信網、陸上はＮＨＫの連絡網という違いはあるが、仕組みは同じであり、順位が個人単位、学校単位、都道府県単位で集計されるのも同じである。

大会を盛り上げるために歌も作られた。たとえば「放送陸上競技大会の歌[15]」は三番まであり、一番の歌詞はこうだ。

若い世代のスポーツマン。
学びとともにきたえた力。
走れ正しく、ひとすぢに。
あゝふるさとの誇を胸に。
父母がきいてるラジオで競え。
全日本の中学陸上。

「全日本」と銘打ってはいるが、もちろん名ばかりで、実情は各地域でおこなう大会にすぎなかった。これをばかばかしいと笑ってはいけない。いちばんばかばかしいと思っているのは主催者である当の日本水連であり、日本陸連なのだ。若手の育成が急務であり、かつ全国大会ができない状況のなかで、せめていま泳いでいるプール、いま走っているトラックに、見えないライバルが同じ時刻に泳ぎ、走っているという状況を作り出すことによって、少しでも全国大会の臨場感をもたせるために、これが当時考えられる最善の策だったのだ。

この種の大会にも当然ながら前年の通達は生きていて、「学徒の対外競技は学校教育の一環としておこなう」「宿泊を要しないでできる隣県とブロックの大会は、当該県の教育委員会の責任で開催されるかぎりさしつかえない」の基準に照らし、通信水泳の主催には日本水泳連盟、後援に文部省、全国都道府県教育委員協議会、朝日新聞社が名を連ねている。全国中体連は一九五八年の第四回大会から主催に加わっている。また、放送陸上のほうへは、五六年の第二回大会には主催に加わり、[16]どちらでも主催者に加わってからは理事会で種目や運営方法について議論し、運営費の負担もするようになっている。

オリンピックの東京開催決定

こうした一連の動きはその後、さらに加速していく。ギアをトップに入れたのは、一九六四年のオリンピックを東京で開催することが決定したことだった。五九年のことである。世界中の人に日本に来てもらい、日本の堂々たる姿を見てほしい。経済的な復興は東京の街を見て、新幹線に乗ってもらえばすぐにわかるだろう。スポーツ大日本派にとって重要なのは、水泳日本の復活とオリンピックの華である陸上競技で日本の選手が最後まで優勝を争う姿である。後者には、オリンピックのホスト国として決勝に日本人がいないようでは観客は誰を応援すればいいのかわからずにしらけてしまう、そんな雰囲気で見物しているのでは外国の選手に申し訳ないという気配りもはたらいている。

一方、このとき全国中体連はすでに資金難に直面していた。「昭和三五年三月末、第八回臨時全国理事会の開かれた国立競技場の地下会議室で、当時の主要議事の一つが、今から考えるとおかしい程の零細な地方負担金の増額が、前年度に決まらず、そのため三四年の決算が赤字となり、更に三五年の予算の成立を不可能にしていた[17]」という。その後も東京オリンピックに向けた世情の盛り上がりと反比例するように、中体連は全国レベルでも都道府県レベルでも資金面の問題に悩まされるようになっていく。

ローマ・オリンピック

東京オリンピック開催が決まった翌年の一九六〇年には、ローマ・オリンピックが開催されている。競技団体にとってはこの大会がこれまでの鍛錬の試金石であり、来たる東京オリンピックに向けたすべての始まりであった。ローマ・オリンピックの直前、新聞は皮算用を次のように書いた。見出し「日米豪　水上三強の争い[18]」

そして気の早いことだが、ローマ大会の経験を糧として、東京大会では世界に日本の実力を示したいと考えた。ローマ大会が始まる前に日本陸連と日本水連は東京大会の目標を次のように掲げている。「東京五輪の入賞目標　各競技団体の〝夢〟　陸上‥金二、銀三、銅三　競泳‥金四、銀二、銅三　ほか[19]」

ところがローマ大会が始まってみると、三強の争いどころか、またしても結果は情けないことになった。水泳が男子八種目中、銀三、銅一。女子は銅一。陸上は六位入賞さえなしという状況だった。こんなことでは四年後の東京大会での活躍はまさに遠い夢であり、ひどく惨めなことになりかねない。以下、新聞記事から主立った見出しと論評をあげておく。

見出し「水上日本　金メダルなし[20]」

「（水上総評：日本水上チーム監督　小出靖彦）（略）東京大会はどうしたらよいか。これは大きな問題で、いまはっきりいい切れないが、ローマ大会をみた感じだけでもいえることは、まず子供を確保し、十二、三歳ですでにきちんとした選手教育をしなければならないことだ。アメリカの女子選手は平均年齢十五・六歳。男子も若い連中が多い。（略）日本は小学生からつかんで中学から高校へ進む一番いいときには、一流に育て上げるようにしたい[21]」

見出し「なぜ振るわなかった　水上日本」

「水連会長　樋口一成（略）少年教育について一つの難点がある。文部省が少年の都府県外との対抗試合を認めてくれないことだ。そのために通信競技というようなナマぬるいことをやらねばならず、国会、文部省にも何とかしてもらうよう働きかけている[22]」

見出し「なぜ振るわなかった　水上日本」

「兵藤（旧姓　前畑）秀子（略）古いことを言うようだが、戦前の日本選手には〝大和魂〟が大きな支えとなってプラス・アルファーを生む力にもなっていた。しかしいまはそれもない。（略）日本と外国選手との間に戦前以上の体位の開きができて、〝水上日本〟を苦境に追い込む最大原因となっている。劣勢をふっ飛ばしてもらうためには、早く若い層（中、高校生）の中から〝ホープ〟を選抜して、できるだけ体作りと練習を計画的にするよりほかに道はない[23]」

「一つの金メダルも取れぬままに、ローマ大会の水泳は終わってしまった。ガッカリである。伝統を誇る水泳日本がこれではひどすぎると、いろいろ批判が起こっている。（略）米国ではエイジ・

グループ・システム（年齢別競技会）で八歳から一八歳までを六段階に分けて、発見と育成に努めているそうだ。（略）四年後の東京大会に備えるには、今の中学、高校生をどう育てるかである」[24]
見出し「日本陸上　足りぬ投資と体力　前の二大会以上の惨めさ」
「決勝に進出したのはわずか三人、他は全部予選で姿を消してしまった。しかも六位以内に入賞したものは一人もなく不振といわれたヘルシンキ、メルボルン大会以上の惨敗である」[25]
「主競技の陸上は全滅に近く、お家芸の〝三段跳び〟は今後も絶望に近い」[26]
「陸上総評（織田幹雄）（見出し）気力失った日本　最悪の成績に終わる」[27]

多くの記事を紹介したが、失望感漂うコメントのなかで敗因としてあげられているのは、小・中学生からの育成システムがないことと根性がないことの二つである。だから、必要なのは幼いころから素質がある子どもを見いだして訓練することなのだが、文部省が規制で妨害しているというわけである。根性については具体的な対策は見えてこないが、大和魂や気力を養うために理不尽な練習が待っていると想像すると選手が気の毒になる。

水泳日本

ところで、記事のなかに「水泳日本」あるいは「水上日本」という言葉がしきりに使われているのが見て取れる。「水泳日本」という言葉は一九三二年ごろ（ロサンゼルス大会）から盛んにメディアで使われ始めた。たしかに戦前の日本は強かった。三二年のロサンゼルス大会では競泳のほとんどの種目で優勝している。だから、敗戦後にもかつての栄光を取り戻して日本を元気にしたいという気持ちがあったのだろう。しかし、どうやらこの言葉は単に競技大会での成績がいいことを指しているのではないようなのだ。もしそうなら、何年も負け続けているときにはすでに「水泳日本」ではなく「ただの日本」のはずだ。

　実際にこの言葉の使い方を見ると、「朝日新聞」の「天声人語」や兵藤（旧姓・前畑）秀子のコメントのように、惨敗を喫してなお「水泳日本がこれではひどすぎる」とか「〝水上日本〟を苦境に追い込む」と表現されているように、結果はどうあれ、本来的に日本は「水泳日本」だという含みがそこにはある。

　そうした「含み」はどこからきているのか。これは想像だが、日露戦争でロシアのバルチック艦隊を撃破して列強の仲間入りを果たしたかつての日本の姿を、敗戦後のそれに重ね合わせているような気がする。「水泳日本」といわれ始めた一九三二年ごろは、前年に満州事変があり、日本が刻々と戦時体制へ突入していく時代であり、敗戦後はもう一度日本の存在感を示して列強の仲間入りを果たしたいという願いを強くもっていた。そう考えると「水泳日本」は日本のナショナリズムや「大和魂」と結び付いて、日本人のアイデンティティを指し示す用語となっていたのではないか。だから勝てる見込みがあるかないかを超えて、日本人にとって水泳は特別な競技と考えられていたのではないかと考えられる。もしそうなら、オリンピック東京大会は日本のアイデンティティがかかっているという意味でも国家的事業だったといえる。

7 すべてはオリンピックのために

すでに一九六四年のオリンピック東京大会の開催が決定し、かつローマ大会で実力不足が明らかになった以上、日本として打つべき手は打たなければならない。「水泳日本」の前に立ちはだかったのはアメリカやオーストラリアの十代後半の若者たちだった。四年後に十八、九歳で第一戦に立つことを想定するなら、現時点で十四、五歳の中学生を鍛えるしかない。いますぐ中学生をスカウトし鍛え、一流の選手に育て上げなければ東京オリンピックに間に合わないのだ。

来たる東京オリンピックに期待を寄せる世論を背景に、競技団体や議会からの圧力を受けて、文部省はまたしても通達を改め、規制を緩和せざるをえなかった。[28] 一九六一年の新通達は次のような言い訳から始まる。

「その後の実施の経緯とオリンピック東京大会開催等の事情を考慮し、保健体育審議会に諮って審議検討の結果、基本的方針については従来どおりとするが、いっそう実情に応じた運営を図るために、別紙のとおり基準を改めました」。こう前置きをして、規制を次のように緩和した。カッコ内は筆者による注釈である。

1　宿泊制限については実情にそうように緩和する。（→宿泊制限の事実上の撤廃である。）

２　国際的競技会および全日本選手権大会への参加資格については「世界的水準に達している者またはその見込みのある者」を「特にすぐれた者」に変更する。（→競技レベルの底上げのため、事実上「世界的水準」の枠を撤廃した。）

３　中学校の水泳競技については、その特殊性にかんがみ、一定の水準に達した者を選抜して行われる全国大会の開催を認める。（→ついに認めてしまった。）

４　文部省に協議を要するものは国際的競技会に限ることとし、それ以外は都道府県の教育委員会の承認があればよい。（→事実上、国内に関してはどんな大会も自由にできるようになった。）

５　主催者については、学徒を対象とする競技会についてのみ規定することとし、その他についてはとくに定めない。（→中学生の国体参加もできるようになった。）

この規制緩和に関しては、通達直前に全国中体連と日本水泳連盟、文部省の三者で話し合いの場を設けている。それぞれの立場がとてもよくわかるので抜粋して記しておきたい。

全国中体連会長（平良恵路）：大会を拡大すること、全国大会を行うことには校長会としても終始反対であったが諸情勢から水泳に関してのみ、全国大会を行うことになった。私としては非常に苦しい立場に追いやられるのだが、まげて協力しようということになった。

日本水泳連盟会長（高石勝男）：長年待望していた中学生の全国大会が終戦後はじめて行えるようになった。水連会長としてこんな嬉しいことはない。日本の水泳が不振になったのも、戦後若い者に刺激を与えるこうした機会が閉ざされていた結果によるもので、過般理事会でも申し上げたように諸外国でも水泳は特に年齢階層の若い者が好記録を出している。

文部省（松島専門員）‥会長から説明があったような経緯で水泳の全国大会が実施できるようになり、早く通達を出すようにとせめたてられていたが、大臣の決裁を受けるべく書類を持ち廻り中である。来週いっぱいには出るようになると思う。中体連はこれを機会に一層組織を強力なものにしてほしい。

全国中体連理事（山岡審議会委員）‥全国中体連は発足の趣旨が大会行事等を行うのではなく、かえってこれを抑制するような、審議機関的性格で発足した。それが従来の通達を忠実に実行するためにも必要なことであり、全中体連の生命であった。（略）〔全国大会の件を全中連の理事会に諮ったときも疑問の声は上がった。しかし、‥引用者注〕僕は「情勢がしからしめた」と答えた（略）強化委員会も他の種目は絶対に全国大会を行わないと申し合わせをするならば、水泳の特殊性を考慮して従来のワクを緩和してもということになった。[29]

　この会談に関連して、全国中体連の一般理事（匿名）から次のような意見もあった。この意見は中体連の困惑をふまえたうえで、やるからにはしっかりやろうという態度の表明でもある。

「事業を行わないことを原則として、あくまで全国的な大会の開催はやらない、阻止しようという大きな題目をかかげて発足したものが、今ここに一八〇度の回転をしなくてはならなくなった。すなわち全国中学校選抜水泳大会がこれで不本意ながらという形であろう。あれだけ強く反対していた団体が協力して、しかも中心となって開催されなければならなくなった。（略）迷っているときではなく、進んで大会の中核とならなくてはならない。この大会の性格から中体連が主催団体とならなくてはならないことになった[30]」

この規制緩和を受けて、早速、その年の夏に第一回全国中学生選抜水泳競技大会が開催され、主催は日本水泳連盟と全国中学校体育連盟、後援には文部省、全日本中学校長会が入っている。この大会には文部省から初めて補助金がついた。金額は三十万円だった。

8　東京大会の屈辱

こうして選手強化の条件も整い、その後、打てる対策は打ち、すべき準備をして、競技団体もある程度の成果を見込めるところまでこぎつけた。ところが、そうして臨んだオリンピック東京大会の結果は、関係者からすればまたしても惨憺たるものだった。

水泳：男子八百メートルリレー　銅

陸上：マラソン　円谷幸吉　銅

水泳と陸上に関してはこれがすべてである。もしかしたら一つのメダルもとれないかもしれないという心配が現実味を帯びてきたときのマスメディアと関係者の声を、新聞は次のように伝えている。

「この日までの五日間、水泳は十二種目の決勝レースがあったが、日の丸はまだ一本も揚がらない。サトコも、福島もその健闘は空しかった。「水泳日本」はどこへ行ったのか。しかもトウキョウという晴れ舞台で[31]」

見出し「声つまらせる水連役員」

「高石総監督は「日本と外国との力の差をみせつけられた。不満足な成績で国民のみなさんには申しわけない。これも文部省が小中学生の対外試合を禁止したためだ」という[32]」

「陸上競技を終えて（織田幹雄）　四年後のメキシコ大会を目ざして、わが陸上関係者はぐずぐずしてはおれない。すぐにでも全国から素質のある若い人を探し出し、ハードトレーニングをやって、早くから準備にかからねば今大会以上のみじめな成績に終わるだろう[33]」

一九六四年の東京オリンピックは、のちの回顧番組などでは男子体操や柔道の活躍、それに女子バレーボールの優勝などもあって日本が大活躍したという印象が作られているが、柔道とバレーボールは東京大会で初めて採用された新種目であり、参加国も少なく、世界の目から見ればどちらかといえば枝葉の種目だった。その感覚はスポーツ大日本派にとっても同じで、重要なのはやはり水泳と陸上だった。東京大会は日本の栄光を世界が目の当たりにする晴れ舞台になるはずだった。とところが、よもやの惨敗である。スポーツ大日本派にとって東京大会は晴れ舞台どころか、屈辱の大会となってしまったのである。

オリンピックのあとに

オリンピック惨敗の衝撃がまだ収まらない十一月六日、国会でオリンピック東京大会準備促進特別委員会が開かれたが、そこはあたかも文部省つるし上げの場だった。惨敗の屈辱は怒りへと変わり、直接文部省にぶつけられた。その一部を以下に紹介しよう。

田中榮一委員（自民党衆院議員）　オリンピックというものはギリシアのアテネにおいて発展したその歴史の過程から見ましても、やはり陸上競技というものがあくまで中心であり、これに水泳というような最も大衆性のある競技というものが中心でなくてはならぬかと考えております。しかも、この陸上競技なり水泳というものは、もう日本のみならず、世界各国において国民の間に普及されております。日本も、国民の体位向上であるとか、またスポーツ振興の意味におきまして、この陸上競技と水泳というものはずいぶんいままで訓練もされておったのでございます。かつては陸の王者、水の王者日本が世界に君臨した時代もあったのでありますが、いまや日本は、一葉散って天下の秋を知るというような、まことに寂蓼な時代でございます。（略）アメリカの水泳の監督のキッパス氏が、実は自分はアメリカの一二、三歳の少年少女を目標にして来たるべきメキシコ大会においてアメリカの水泳の黄金時代をつくろうという計画で訓練をやったんだ、それが何と四年早くできてしまった、東京大会にこの黄金の花が咲き誇ってしまった、これではとてもいまの一六、七歳のあの選手はメキシコではもう使えなくなる、あとがつかえているんだ、こういうようなことを言っておられたそうでございますが、やはり今後の水泳にしても陸上競技にいたしましても、どの競技でもそうでありましょうが、大学生あるいは高等学校の生徒というものを中心というよりも、むしろ、小学校の生徒、一二、三歳の生徒を中心にして、それから中学校、高等学校大学校というように、大学生が出るというのはもうオールドボーイである、少なくとも中等学校の三年生か高等学校の一、二年生くらいが出る程度の選手をこれから養成するというところに心がけていかないと将来私はオリンピック競技というものはいつもひけをとるのではないかというように考えられるのであります。

石井光次郎参考人（日本体育協会会長）　これから先の運動をどうやってりっぱにしていくか、特に水泳、陸上各運動どれもりっぱに伸びていかなければなりませんが、その中でも特にオリンピックの発達経路から見て陸上が大事で、それから順次いろいろなものにりっぱな成績をあげていくということを考えて、いまの成績を振り返りますと、まことに残念千万な成績であったということでございます。（略）何とかして陸上に、何とかして海国日本といわれます日本の水泳にいい成績をということは、私どもはもちろんのこと、皆さん方も非常に御熱心に声援をし、いろいろ指導もしていただいたのでございましたが、結果はあのとおりでございます。まこと残念千万でございます。しかし、ただ残念がっておってはしかたないのでありますから、これをどうやってこの次に備えていくか、（略）役所のお世話、皆さん方の御支援と、それから財界等の御援助というようなことと（略）

柳田秀一委員（社会党衆院議員）　それからもう一つ、総務長官が来ておられるからお尋ねします。文部省が体育行政をつかさどっておるのですが、今日文部省だけで体育行政をつかさどっておるというのでは、選手層は薄くなると思うのです。今度のオリンピックを見て、日本の選手の一つの欠陥といいますか、大島さんも痛感しておられると思いますが、一つには、選手の年令の低いほうの層において欠陥がある。それには文部省がガンをなしておる。蒔石君も言っておるように、文部次官通達というものを出して県外対抗試合を禁止されておるということは――今度の水泳の成績が悪かったから、それから、ほかのアメリカ各国のティーンエージャーの成績がよかったから、このことが出てきたのじゃないのです。文部次官通達というものが非常にガンをなしておるということは、三年も四年も前から出ておる。文部省のほうもその声を聞いて、特に水泳に関する限りは次官通達をゆるめられたでしょう。[34]

日本体育協会会長の石井の発言はさすがに責任を感じて申し訳なさがにじみ出ているが、それでも最後には慇懃無礼にも、文部省が規制をなくし、加えて国と財界がもっと資金を出してくれていたらこんなことにはならなかったと言いたげである。それに対して政治家は、自民党も社会党もない。すべての元凶は文部省で、余計な規制をかけたために年少ながら有能な少年たちを発見し、育てることができずに、結果として世界に遅れをとった。それだけでなく、世界に恥をさらしたという思いが、日本を代表していると自負してきた政治家にはある。

このような猛攻撃を受け、「ガン」とまでいわれた文部省はとうとう中学生の大会に関する規制をほぼ全面的に撤廃しなければならなくなった。(35) ただし、文部省の最後の砦として次の項目だけははずすわけにはいかなかった。

「運動競技会の主催者には教育機関または教育関係団体を含むこと」

この一文は文部省の存在証明のようなもので、ほかのあらゆる項目は解禁されてもこれだけは譲ることができないものだった。そのため、この通達以降、全国大会が開催されたり、中学生の総合体育大会などが開催されたりする場合、そのすべてに中体連は「教育関係団体」の主催者として関わらなくてはならなくなった。さらに市大会、県大会、ブロック大会などは全国大会の予選と位置づけられ、そのすべてに都道府県の中体連が関わることになっていく。

中体連の変貌

ここまでの流れを簡単にまとめておこう。

敗戦後、都道府県の中体連はＧＨＱの意向を受けて設立されたものの、競技団体とりわけスポーツ大日本派の、スポーツで日本の存在感を示すという圧力は根強くあった。そこへオリンピックの東京大会が決定され、いよいよスポーツ大日本派は勢いを増し、地方の中体連単独ではスポーツ大日本派の圧力に対抗できない状況になってしまった。オリンピック東京大会が決まったとあれば、これを期に日本の戦後復興と経済成長を世界に誇示したい政府やさらなる経済発展の起爆剤にしたい経済界、それにマスコミの興奮に押されて、頼みの文部省もこれまでの規制を緩和に次ぐ緩和で骨抜きにせざるをえなかった。

そこで都道府県の各中体連は対抗手段として全国中体連を創設することにし、文部省との連携を密にしながら中学生の防波堤になろうとしたのだが、オリンピック東京大会に向けた選手強化の声に押され、文部省は中学生の全国大会を認めざるをえなくなった。ただし、無条件に認めたのではなく、全国大会を教育活動の一環と位置づけるため、主催に教育関係団体が入ることを要請した。その役を担わされたのがほかでもない全国中体連だった。

もともとスポーツを民主主義の学校と位置づけ、エリート主義を食い止め、いたずらに大規模大会をやらせないための組織として発足した各都道府県中体連が、競技団体の暴走に歯止めをかけようと全国的な組織を作ったために、かえって競技団体主催の全国大会に共催者として入らざるをえなくなり、名目上、大会を教育の一環だと言いくるめることに一役買うことになったわけだ。当初の趣旨とは正反対に、大きな大会を開催する組織への変質を余儀なくされたのである。文部省に頼まれたからというだけではない。敗戦後、復興を遂げた日本の国家としての威信をかけた一大行事に協力しないという選択肢はなかったのだ。

そうして迎えたオリンピックも、結果は惨憺たるものだった。それでも、スポーツで国家の威信を高めるという発想をもうやめようとはならず、選手強化の対象はますます年少者へと向かい、世界につながるような大会にも中学生が普通に参加するようになった。そのころには中体連を「大会屋」と揶揄する声もあったようで、それに怒った全国中体連・事務局長の田中亨が、中体連は発足当初の精神を失っているわけではないし、今後も決して失ってはならないと関係者に呼びかけている[36]。しかし、オリンピックを東京で開催することが決まって以降、中体連が変質したことは誰の目にも明らかだった。

もし、中体連が発足当初の精神をもち続けていることを示したいならば、主催として入っている大会に中体連の声を反映させ、あくまで教育の一環としての性質をもたせるしかない。そして、発言権を大きくするためには、競技団体に引けをとらないだけの費用負担をするのが手っ取り早く、また実際、その方法以外にはなかった。しかし、そのお金がない。国からの補助金や会費もあるが、もはやその程度の金額では全然足りない。とはいえ、「大会をやらせない」ための組織だった中体連は、もともと会費と補助金と推薦料以外の集金システムを持ち合わせていない。ほかの方法で資金集めをするノウハウもない。だから、大会に関わるようになってからの中体連は慢性的に資金難にあえいできた。オリンピック東京大会以降、全国中体連は資金面での困難がますます大きくなった。そうした資金的窮状にあるとき、すばらしく商才に長けた人物が中体連にあるアイデアをもちかけた。これまでにもたびたび回想記のなかに名前のあがっていた千種基である。

注

(1) 兵庫県中学校体育連盟記念誌編集委員会『兵庫中体連三十年史』兵庫県中学校体育連盟、一九七九年、四六ページ

（2）全国中学校体育連盟『創立十周年記念誌』一九六五年、三七ページ
（3）文部省「米国教育使節団報告書」（一九四六―一）、伊ケ崎暁生／吉原公一郎編著『戦後教育の原典2 米国教育使節団報告書』所収、現代史出版会、一九七五年、八四ページ
（4）同論文八八ページ
（5）文部省「新教育指針」（一九四六―二）、伊ケ崎暁生／吉原公一郎編著『戦後教育の原典1 新教育指針』所収、現代史出版会、一九七五年、一〇〇ページ
（6）学校体育研究同好会編『学校体育関係法令並びに通牒集』体育評論社、一九四九年、一四六―一四七ページ
（7）大日本体育協会編『大日本体育協会史』（木下秀明監修「戦後体育基本資料集」第十三巻）、大空社、一九九五年、一ページ
（8）高石勝男は一九〇六年生まれ。二四年のオリンピック・パリ大会、二八年のアムステルダム大会に水泳で出場。六一年に日本水連の第四代会長となり、六四年の東京大会では水泳日本代表総監督を務めた。
（9）田畑政治は一八九八年生まれ。一九四八年から日本水連の会長を務め、六四年のオリンピック東京大会招致の中心的役割を果たした。七三年には日本オリンピック委員会の会長。戦後の「スポーツ大日本派」の代表格といえる人物である。
（10）関春南『戦後日本のスポーツ政策――その構造と展開』大修館書店、一九九七年、一一三―一一四ページ
（11）「読売新聞」一九五二年十一月六日付
（12）前掲『創立十周年記念誌』五ページ

(13) 同書三四ページ
(14)「朝日新聞」一九五五年八月十九日付
(15) 島木隆範作詞「放送陸上競技大会の歌」、前掲『創立十周年記念誌』所収、一四ページ
(16) 一九六〇年の第六回大会の新聞上の告知を見ると、主催は日本陸上競技連盟、全日本中学校長会、全国中学校体育連盟、都道府県教育委員会であり、後援には文部省、全国都道府県教育委員会連絡協議会、NHK、朝日新聞社が名を連ねている。
(17) 牛山栄治「中学生と昼食――会長当時の思い出から」、全国中学校体育連盟編「会報」第二号、日本中学校体育連盟、一九六九年、一五ページ
(18)「毎日新聞」一九六〇年八月十二日付
(19)「読売新聞」一九六〇年二月二十二日付
(20)「毎日新聞」一九六〇年九月四日付夕刊
(21)「読売新聞」一九六〇年九月五日付
(22)「毎日新聞」一九六〇年九月五日付
(23)「毎日新聞」一九六〇年九月五日付
(24)「天声人語」「朝日新聞」一九六〇年九月六日付
(25)「毎日新聞」一九六〇年九月四日付
(26)「天声人語」「朝日新聞」一九六〇年九月九日付
(27)「朝日新聞」一九六〇年九月十日付
(28) 文部事務次官通達「学徒の対外運動競技について」(文体体一三九)、一九六一年六月十日
(29) 前掲「会報」第二号、三四―三五ページ

(30) 全国中学校体育連盟編「中学校の体育」一九六一年十二月号、ベースボール・マガジン社、二五ページ
(31)「朝日新聞」一九六四年十月十六日付
(32)「朝日新聞」一九六四年十月十九日付
(33)「朝日新聞」一九六四年十月二十二日付
(34) 第四十六回国会「オリンピック東京大会準備促進特別委員会」第九号、一九六四年十一月六日
(35) 文部事務次官通達「児童生徒の運動競技について」(文体体二〇八)、一九六九年七月三日
(36) 前掲『創立十周年記念誌』二〇ページ

第5章　密着型ブルマーの普及過程

1　奇策

知恵者

東京・銀座に高島という老舗の商社がある。資材用の厚物布地を主力商品として扱うほか、建材や衣料品なども扱ってきた。現在はさらに手を広げ、さながら総合商社の趣だ。一九六四年の東京オリンピック当時、千種基は高島のスポーツ衣料担当の課長として腕を振るっており、東京中体連や関東中体連に加えて、全国中体連の幹部にも顔がきいた。

千種の名前は、全国中体連の初代から三十年にわたって事務局長を務めた田中亨の回想にもしばしば登場する。印象深いのは、第3章でも引用した次のようなくだりである。

中体連は金がないので、三二年に、二〇〇〇円に増額したあと会費の値上げが出来なくて三九年オリンピックの年の東京都西戸山中学で臨時の理事会を開き、財源を得ることについては、水着の推薦について、株式会社葵の千種氏の協力があり、また、教育設備助成会協賛会社の商品ラッキーベルシューズを推薦することの了解を得てなにがしかの収入を得た。(1)

この引用に出てくる「株式会社葵」の設立は、登記簿によれば一九七一年二月一日である。六四年時点では田中がいう葵はまだ存在していない。だから、この発言は執筆時の会社名で千種を表現したものと推測できるが、このころすでに千種は高島という会社とは別に個人として存在感を示していることがうかがえる。ともかく、『創立十周年記念誌』に記載されている理事会の記録にはたしかに六四年三月二十九日に臨時理事会が開催され、そこでラッキーベルシューズの推薦が決定されている。しかし、水着推薦の件は記載がない。

かわりに、その次の十月十七日開催の理事会記録に「体育衣料の推薦二件決定」とあり、そのうちの一件が「ニチレ・ナイロン・スクール水着、海水パンツ　申請者　湊商事株式会社」という記載がある。この記載から、千種の協力とは千種がニチレと湊商事とに話をつけ、推薦を出すかわりに相当額の資金を中体連に提供させたのだと読める。ちなみにニチレ（日本レーヨン）は高島の主要仕入れ先の一つでもある。

全国中体連から推薦を受けたニチレの水着・海水パンツに関しては、一九六五年刊行の全国中学校体育連盟『創立十周年記念誌』に北海道中体連事務局が次のように書いている。
「〔資金難をなんとか解決するために始められた：引用者注〕目下全中連で盛んにＰＲ中の水着・海水パンツによる収入増案も、本道の地域性からさっぱり反応なく恩恵は全くといってよい程望みうすのようです[2]」。ここにいう「目下全中連で盛んにＰＲ中の水着・海水パンツ」が全国中体連推薦のニチレ・ナイロン・スクール水着、海水パンツであるのはまちがいないが、ここから二つのことが読み取れる。

一つは、ニチレの水着の販売には中体連もかなり力を入れていたこと。もう一つは、もし北海道内で広く購入されていたのなら収入増が期待できたのに、それがうまくいかなかったというのだから、販売実績に応じて各都道府県の中体連になにがしかの資金が提供される仕組みだったということだ。そしてこの仕組みこそが、千種のアイデアの眼目だった。

アイデアを生かすために販売方法も工夫した。全国で販売するにあたっては長崎屋などの大衆大型スーパーを拠点にしたのだ[3]。当時の衣料業界では百貨店で展示説明会を開催して、そこへ関係者を招いて商談を進めるといったやり方が主流だった[4]。それを衣料品中心のスーパーを拠点にするというのだから、そのこと自体が新しい試みだった。加えて、長崎屋は当時すでに衣料品に強いスーパーとして全国展開をしていて、いわゆる安売りスーパーとは一線を画する一段格上のスーパーとして評価されていた。全国の学校・生徒をターゲットにする販売網としては信頼性も高く、うってつけだとみられたのだが、北海道中体連事務局がいうように反応は思わしくなく、期待するほどの成果を上げられなかった。

問題は販売ルートにあった。いくら長崎屋が全国展開をしているとはいえ、店舗が各府県の主要都市にある程度では、少し離れた地域の生徒は電車に乗って買いにいくことになる。学校があるすべての街に取り扱い店舗がなくては気軽に買いに行くことはできないし、さもなければ学校が指定して、一括購入したものを生徒に分配するといったやり方をとるかである。とはいえ、中体連が推薦したというだけでは、学校がわざわざニチレの水着・海水パンツを指定して生徒に買わせる必然性がない。学校にしても生徒にしても、メーカーがどこであれ、安くて機能的でさえあれば学校用の水着としては十分なのである。

学生服メーカーへ

販売ルートの開拓と競合製品の問題は、推薦商品の販売で収益を上げたい中体連にとってはどうしても解決しなければならないものだった。計画を実現するには、全国津々浦々の学校に販売網をもっているところと手を組む必要がある、と考えたのはまたしても千種だったらしい。そして、中学校と深いつながりがあるといえば、なんといっても学生服の右に出るものはない。千種と全国中体連が学生服メーカーに話をもちかけたのは必然の成り行きだった。

千種がまず目をつけたのは、岡山県倉敷の児島に本社がある富士ヨット・ブランドの学生服で知られる明石被服だった。しかし、千種の話が唐突すぎたのか、リスクが大きいと判断したのか、とにかく見込みがないと判断したようだ。明石被服はこの話に乗らなかった。

そこで次に話をもっていったのが、やはり児島に本社があった尾崎商事である。尾崎商事もまたカンコー・ブランドの学生服で全国に知られている業界大手である。千種と事務局長の田中亨は児島に尾崎商事を訪ね、計画を説明した。応対したのは当時、営業担当の専務取締役であり、尾崎芳郎社長の弟でもある尾崎房次郎だった。[5] 房次郎はそのときの話の要点を次のように述べている。

「当時中体連は全国中体連と各県中体連があり次第に活躍も活発化しておりましたが資金不如意でありましたのを、中体振運動を盛んにすることにより資金を獲得しようと懸命でしたが、前述の通り苦難の連続で、実効のある方法を相談に来社されました」[6]

そのとき、千種が尾崎房次郎にどのような話をしたのか、具体的なことはわからない。しかし、いくつかの断片的な情報をつなぎ合わせて想像すれば、千種の提案はおおよそ次のような内容だったと思われる。

①中体連とは別に「中学校体育振興会（中体振）」という組織を設立し、そのマークの独占的使用権を尾崎商事に与える。同時に、これまでおこなってきた中体連の推薦をいっさいやめる。つまり、カンコー・ブランドの体操着は今後日本で唯一の中体振マーク入りの製品となり、そのことは日本で唯一中体連が推薦する製品であることと同義となる。そのマーク入り製品を尾崎商事がもつ全国の販売網を利用して販売すれば、尾崎商事に大きな利益をもたらすと期待できる。

②全国中体連は各都道府県中体連にも呼びかけて、中体振マークがついた製品を都道府県下の中学校が採用するよう積極的にはたらきかける。採用に消極的な府県には、個別に出向いてでも採用してもらうように努力する。ただし、このことは努力することの約束であって、学校にかならず採用

されることを保証するものではないし、また販売数量を保証するものでもない。
③尾崎商事は中体振マークの使用料として販売実績に応じて一定の金額を中体振に寄付する。ただし、基本使用料として一定金額を各年度先払いするものとする。なお、尾崎商事から支払われた寄付金は全国中体連と都道府県中体連に援助金として配分され、中学生の健康増進と体育振興のために使われる。
④新しく中体振マークを付けて製造するカンコー製品としては、ジャージ体操服の上下とナイロン製のブルマー（密着型ブルマー）、水着を主力商品とされたい。

①は千種の提案が特別であること、また尾崎商事にとってもチャンスであることをアピールする内容、[7]②は販売に関して中体連が協力するという約束、③は中体振の目的とマークの使用料について説明したものであり、この種の提案には当然入っていると考えられる項目である。独創的であり、うまくいけば巨大な利益に結び付くが、その半面リスクも大きいのは④の項目である。

運動着としてのジャージの上下とブルマーは、運動クラブでは先行的に導入され始めていたものの、それらは美津濃などのスポーツ用品の専門メーカーが製造・販売したものであり、いわばアスリート向けの製品である。体育の授業用に学生服メーカーが製造し、販売した例はこれまでにない。もちろん、そのために、うまくいけばこれまでのトレパン・トレシャツ・ちょうちんブルマーをすべてジャージや密着型ブルマーに買い替えさせることにもつながり、当時全国六百万人とも見積もられた中学生マーケットを独占的に手に入れることができるかもしれないのだ。

ただし、すべては皮算用にすぎない。中体振マークを付けて、その販売を中体連が後押ししてくれるとはいえ、そもそも振興会自体がまだ設立もされていない段階で、中体振マークの効力がどれほどのものかは誰にもわからない。結果的に何の効力ももたなかったということもありうる。話に乗って大量の在庫を抱えるはめになれば、それこそ会社を存亡の危機におとしいれかねない。加えて、先払い金の件もある。

尾崎商事の対応

中体連にとっては事がどのように運んでも、とにかく先払い金だけは手に入るし、うまくいけばさらに販売実績に応じた資金を得ることができる。よくできた仕組みである。一方、尾崎商事にとってはたしかに事業を飛躍させるチャンスにはちがいないが、リスクがあまりに大きすぎないか。明石被服でさえ慎重に構えて手を出さなかった話である。

百年を超える伝統を守りながら、時代に先駆ける新技術を取り入れて学生服メーカーとして着実に成長してきた会社を、ここでみすみす危機にさらすわけにはいかない。一方、会社をもう一段飛躍させようとすれば、企業家として冒険に打って出なければならないときもある。問題は、いま目の前にある道がどちらへ向かう道なのかである。全国の代理店や提携会社にも情報の提供を求めただろう。しかし、最終的に道を決めるのはトップの決断であり、決断を支えるのは営業の最高責任者である専務の情勢判断である。さまざまな可能性やリスクの低減方策が検討されたうえで、最終的に尾崎商事はこの話に乗った。

もちろん、決断はただすればいいというものではない。決断が英断となり、可能性が現実になるためには、リスクを最小限に抑える工夫が必要であり、これまで以上の営業努力も不可欠だ。

リスク対策

リスクをできるだけ少なくするための方策として、尾崎商事はまず製造を自社でするものと外部へ委託するものとに分けた。その結果、ジャージの上下はすべて自社生産することにした。米子工場がすでに伸縮性のあるメリヤス製品用の裁断設備やミシンをもっていたし、設備があるのなら生産量の調節を臨機応変にできるほうが、これからどう展開するかわからない状況に対応しやすいからだ。

一方、水着とブルマーの製造は千種個人が引き受けることになった。この件には少し説明が必要だろう。そもそも千種は高島の社員である。それが高島ではなく、千種個人が引き受けるとはどういうことなのか。実は中体振マーク方式を実行するにあたっては、尾崎商事も決断したが、千種もまた決断をしていた。

中体振マーク方式が決定したことを機に、千種は二人の同僚とともに高島を退社し、新たに葵という名の会社を立ち上げたのである。(8)しかもこの退社は裏切りとか造反ではなく、おまけに高島から「水着とブルマーを持って出た」(9)のだという。つまり、それまで高島がもっていたデザインや生地の仕入れ先、製造工場との関係などのすべてを引き継ぎ、利用できたというのだ。そういうこともあるのかと驚くが、企業社会の機微は外部の者にはうかがいしれない。一種の暖簾分けといえる。

とにかく、水着とブルマーに関しては葵に全面的に製造委託することで、尾崎商事はリスクを最小限に抑えることができ、外部委託したものを含めたすべての体育用製品に中体振マークを付け、カンコー・ブランドの製品として販売することができるようになった(10)。

生産数についても、現場から上がってくる情報をもとに慎重に計画が立てられた。大量の在庫を抱えるのも困るが、注文が入ってから押っ取り刀で生産を始め、そのあげく納期に間に合わないようではさらに困る。顧客との信頼関係が失われてしまうからだ。営業にとって顧客との信頼関係は命綱のようなものである。信頼関係の構築のためには多少の無理もするし、時間もかかる。この命綱が切れては困るから、いつでも注文に応じられる体制は作っておかなければならない。ただし、注文よりも先に作るのだから、学校がデザインに余計な注文をつけないようにしなくてはならない。こうしたことができるのも、それまでの学校との関係があればこその話だった。

学校と取り引きをする業界関係者の話には「信頼関係」という言葉がよく登場する。この場合、学校とメーカーとの信頼関係とはどのようなものなのか。そもそも学校に対する営業活動とはどのようにおこなわれたのか。そして学校はメーカーの営業をどう受け止めたのか。つまり、ジャージとブルマーが学校に浸透していったとき、現場では何が起こっていたのだろうか。

現場のことは現場に聞け。幸いなことに、当時、愛知県東部の三河地方で尾崎商事代理店のK社に勤務し、ジャージとブルマーを採用してもらうべく学校回りをしていた営業担当のOBが話を聞かせてくれた。まずはこの人の話に耳を傾けてみよう。

2　営業努力と信頼関係

愛知県東三河の場合

　繁華街から少しはずれたところにある会社を訪ねたのはまだ寒さの残るころ（二〇一一年三月二日）のことである。社屋はそれほど大きいわけではないが、多くの人が手慣れた様子で忙しく働いているのを見ると、この地域一帯でカンコー製品の卸として中心的役割を果たしていることが伝わってくる。まわりで多くの人が仕事に精を出しているなかで、なんとなく申し訳ない気持ちをいだきながら作業場の片隅で話をうかがった。

――尾崎商事の代理店になるまでの経緯を教えてもらえますか？

「うちが尾崎商事の製品を扱うようになったのは一九五六年からです。先代の社長がどうしても尾崎商事の商品を扱いたいと児島に何度も足を運んで、なんとか扱えるようになった。だから学生服販売としては後発組なんです。

　一九六〇年に現在の社名に変更し、尾崎商事の代理店として東三河一円を営業エリアに商売をするようになった。思えば六〇年代後半はいい時代でした。東海地方八つの代理店が東海菅公会というのを作って、東海菅公会で新しい製品を尾崎商事に提案したこともあるくらい勢いがありました」

——中体振マーク入りの製品ではどのようなものを扱っていたのですか？

「一九六六年当時、中体振マークを付けていたのは、ジャージの上下とブルマー、ショートパンツ、体操シャツといったもので、トレパンやちょうちんブルマーに中体振マークを付けて販売したことはありません。当時のジャージはポリエステル、アクリル、レーヨンの混紡で、ブルマーは表ナイロン・裏綿の織りです。どれも伸縮性がある素材ですが、ブルマーは短い分、ゆるくては困るから体に密着するタイプになる。いずれにしろ、運動には伸縮性がある素材が最適なんだという方向を打ち出していったわけです」

——一九六六年に尾崎商事が全国唯一の中体振の体育衣料指定メーカーに指定され、中体振のマークを独占使用することができるようになりました。中体振マークの効果は大きかった？

「営業の現場では、中体振マークが「葵の御紋」のような効果をもっていたかというと、それはなかったです。営業は各学校の体育主任に話をつけにいくのですが、三河地方の体育主任は、中体連のことをほとんど知らなかったのではないかと思います。中体振のマークといっても、なんのことかって感じで特別な反応はなかったですよ。もちろん校長や教育長は知っていたと思うけれども、現場にまでは浸透してなかった感じ。だから中体連の筋に頼るよりも、むしろそれまでの人間的なつながりで営業をかけたのです。当時は、先輩と二人、毎日営業で走り回っていましたが、学校との信頼関係があったことが大きいと思いますね」

——学生服の販売ルートがものを言ったということ？

「学生服の販売網を利用して売り込むということはあまりなかった。学生服といえば当時三河地方は「大楠公」（児島織物）が主流で、カンコーはこのエリアでは後発組でした。たとえばＮ中学校では生徒が七百人から八百人いて、アンケートをとったらカンコーの学生服を買ったのは二十人くらいしかいなかった」

――大楠公に菅公が戦いを挑んだ格好ですね。それで、学校が採用してくれそうだという感触はどのあたりから？

「ジャージやブルマーの浸透前には、男子はトレパン、女子はいわゆるちょうちんブルマーかショートパンツでしたが、トレパンにも流行があり、当時は細身のトレパンがはやっていた(11)。トレパンだから伸縮性はない。そのうえ細身の長ズボンが運動に適しているはずがないのです。動きにくいし、無理をすれば破れる。だから、伸縮性があるジャージ製品に対する潜在的な需要はとくに教師の側にあったのです。

しかし、学校はなかなか切り替えようとしない。保守的というか、変化に対する抵抗感が大きくて、最初にどの学校がジャージに切り替えるか様子を見ていたようなところがあった。とくに市内の大規模中学校はその傾向が強かった。こちらも大口をねらいたいから、大規模中学校に力を入れて営業をしたのですが、なかなかうまくいきませんでした」

――何が突破口になったのでしょうか？

「ジャージやブルマーが学校に浸透するまでにおよそ三年はかかりましたが、そのためには途中で営業方針の転換が必要でした。それまでまず市内の大規模中学校で採用してもらおうと考えていたのですが、途中から外堀を埋めていく作戦に切り替えました。田舎の小さな学校なら比較的簡単に切り替えてくれるのではないかと考えたのです。実際、その方針転換が功を奏して、いちばん初めに切り替えてくれたのは、市の中心部から車で二時間もかかるところにある中学校だった。そのときの体育主任が後に教育長も務めた先生で、実力者だけに決断も早かったのだと思います。

もともと潜在的な需要はあったし、様子見の学校も多かったから、一つの学校がジャージとブルマーの採用を決めると、体育の先生同士で情報交換をしたりして、それからはほかの学校も機能的にはいいというので採用してくれるところが増えていったように思います」

――同業他社との競合も激しかったのでは？

「ジャージに関して、当時、同業他社との競合はほとんどなかったです。というのも他社は〈体操服＝白〉という固定観念があったし、ジャージの体操服をバカにしていたようなところがあって見向きもしなかった。当初、販売していたジャージはＪＰ一〇〇〇番の製品で、色は青・緑・えんじの三色、値段は上下それぞれが千円だった。学校が採用するにあたっては、男子用だけをジャージにするといったやりかたをするところはなくて、ジャージに切り替えるときは男女ともに切り替える。男子はショートパンツにジャージの上下、女子はブルマーにジャージの上下という具合です。ジャージとブルマーが多くの学校で採用されるようになってから他社も参入してきましたが、それまで熱心に営業をしてきたかいがあって、学校のほうからカンコー製品について知りたいから説明にきてくれと連絡をくれることもあった。ありがたいことだし、尾崎商事にそれだけ先見の明があったんだと思いますね」

——運動クラブでは、学校の体育でジャージが採用される数年前にすでにジャージやブルマーが採用されていたと記憶しているのですが、あれもカンコーの製品？

「それはないです。カンコー製品はクラブ活動には手を出さないという不文律がありましたから。クラブ活動への営業はメーカーでいえば美津濃とかのスポーツ専門メーカー、店でいえば町のスポーツ用品店の領域だった。体操服は洋品店です。だから同じように体育衣料を扱っていても、自分たちとスポーツ用品メーカーとはすみ分けができていて、ライバルというような関係ではなかった。それに、スポーツ用品専門メーカーの作るものは廃版が多い。次から次へと新しい製品を出して、それまでの製品は在庫がなくなればそれで終わりです。競技選手やクラブ活動はいいのかもしれないけど、体育の授業用にはそれでは困る。学校としては統一したいわけだから、製品の継続性が必要です。さらに、スポーツ用品専門メーカーの製品は概して値段が高い。そういうこともあって、カンコーの製品は体育衣料でも、スポーツ用品の専門メーカーと勝負ができたのです」

——学校との関係で特に営業上の工夫をしたことは？

「営業に関しては会社独自の工夫もしました。学校のほうはどこも資金に困っているし、うちのほうも何かサービスできることはないかということで、中体振マーク入りのジャージやブルマーを採用してくれたところにはベルマークのような一点十円の券を発行して、カンコー製品一点ごとに十円が学校に入るようにしたのです。千人の生徒が一人三点ずつ買えば、三万円が学校に入る。学校はそれで体育の備品などを買うわけです」

——体育の制服が切り替わるということになれば、校区内の小売店はうれしい半面、旧式のものが在庫として残ってしまいませんか？

「営業にあたっては小売店への配慮も必要でした。ジャージとブルマーに切り替えるといっても、小売店はトレパンなど旧製品の在庫を抱えている。それをそのままにして新しくジャージ製品を置いてくれと言ってもなかなか納得してもらえないし、小売店に迷惑はかけられない。そこで、ジャージとブルマーへの切り替えを決めた校区の小売店には、トレパンを始め旧製品をうちが買い取ることにして、買い取ったものをまだ旧式の体操服を続けている他校区の店に回すというようなことをしていました。できるだけ無駄が出ないようにする工夫ですが、それでも最終的にいくぶんかは処分しなければなりませんでしたね」

――それにしても学校相手に何十年も取り引きができるとは、尾崎商事だけでなく、尾崎と組んだK社も先見の明がありましたね。

「学校相手に取り引きをするのは規模からいっても、安定性からいってもよさそうに見えるでしょうが、とにかく授業で使うものは安いことが前提だから、ファッション関係やスポーツ用品メーカーとは違って利が薄い。それに途中で学校から違うデザインに切り替えたいなんて言われると、次年度のために製造していたものが全部在庫になってしまうリスクも常に抱えている。案外きびしい世界なんですよ」

このインタビューで意外に感じたのは、①ジャージやブルマーが学校に浸透するのに三年もの年月がかかったという点、②その間、競合他社が様子見を決め込んでいた点、③スポーツ用品専門メーカーとの間にすみ分けができていた点、④ジャージの導入を決めた学校は同時に密着型ブルマーの導入も決めていて、密着型ブルマーへの特別な抵抗感を示していない点、⑤中体振マークの効果がほとんどなかったこととあわせて、中体連の姿もほとんど見えない点である。

①と⑤はおそらく連動していて、第2章の密着型ブルマー普及グラフと照らし合わせてみてもやや遅い印象を受ける。また地方の中体連にとって全国中体連の方針など、さして影響力をもっていなかったことがうかがえて興味深い。②の他社の参入時期についても、たとえば明石被服は遅くとも一九六八年には参入を決めているから、それまでにすでにジャージ・ブルマーが相当浸透した地域があるにちがいない。その地域とはいうまでもなく全国中体連の事務局がある東京である。東京の様子は次節で見ることにする。

密着型ブルマーの浸透が主な関心である本書にとって、とくに興味深いのは④の指摘だ。ちょうちんブルマーやショートパンツから密着型ブルマーへの変更はかなり大胆な決断であることはすでに述べた。しかしながら実際にはいったんジャージの導入を決めたら、とくに抵抗もなく女子用には密着型ブルマーでハイ決まりというのだ。ここまでの間にはかなり大きな価値観の変化があったにちがいない。そうでなければこうはいかないはずだろう。その変化に関しては章を改めて考察することにして、次に東京の場合をみておこう。

東京の場合

東京での前線基地は総合衣料卸会社の日本綿毛（現・日本メンモウ）である。創業は一九五二年で、六五年以前にはすでに尾崎房次郎の名前が取締役に入っており、尾崎商事とは長く提携関係にあることがわかる。現在の看板にも「ＫＡＮＫＯ」の文字が大きく掲げられている。

創業者は現社長の父親である林太郎。関係者の話によれば、この人はよくいえば剛胆、ときに破天荒な言動でも知られていたといい、一種のカリスマ性を備えた経営者だったらしい。中学校長会の会合に関係業界の営業担当者が顔を出すのはよくあることだが、それにとどまらず、日本の将来を担う子どもたちに投資することがどれほど重要であるかを校長たちの前で得々と説いたこともあるというから、この人の情熱は商売上のことだけではなかったと思われる。

そうした気概もあって、林は東京都の中学校長会や東京都中体連にも積極的に便宜を図るなど、青少年の育成に携わる人々に陰で力を貸し続けた。もちろん企業人としてそのことが商売に結び付くにこしたことはないし、また結び付かないはずもなかった。全国中体連の「会報」第二号では、中体連の発展に寄与した業者の一つとして紹介され、返礼の挨拶文として日本綿毛は次のように書いている。

「昭和四一年尾崎商事株式会社と共に全国中体振指定の体育衣料の製造発売元になって以来、都内、関東を主体に強力にはたらきかけ、非常な好成績をあげつつある。(略)中体振体育衣料の指定発売元になってからは、前全中連理事の小松浩君を特需部長に招聘し、各学校を訪問して大変努力している。その為か本年は三〇万点にも及ぶ実績を収めた」[12](傍点は引用者)

ここに出てくる小松浩は、全国中体連の発足間もない一九五七年度から六七年度までの十一年間に通算十期にわたって理事を務め[13]、東京都中体連から競技専門部を代表して全国中体連に出ていた人である。その分、校長会の筋よりもむしろ体育会系教員のほうに顔がきく。その小松が定年で退職するのを待って、早速、林が「特需部長」に招聘したというのだ。戦争特需を連想させる役職名だが、それほどに期待を込めていたということだろう。このビジネスチャンスを最大限生かすために、体育関係教員のパイプを通して学校に中体振マーク製品の採用をはたらきかける斬り込み隊長になってもらおうというわけだ。

その一方で、林は東京都の中学校長会ＯＢを会社のアドバイザー役に迎えるなど、校長会の線でも相互協力体制を整えていた。体育教師から順々に上に話をもっていくなどというまどろっこしいことはせずに、いきなり校長のところに話をもっていく。校長が渋ったら、より先輩格の校長ＯＢから話を通してもらう。そういうことができるようなルート作りを進めたわけだ。そうして校長にブルマーの採用を認めさせ、あとは体育教師と営業担当が詰めの話をする。林はこうしたやり方を常々「てっぺん作戦」と呼び、また実際、「そのようにしてダメだったことはほとんどなかった」という。もちろん、校長から体育教師に話がいくときには、すでに体育教師のほうにも斬り込み隊長から採用の合意が取り付けられていたというようなケースもあっただろう。実際には上からと下からの両面作戦が功を奏したものと想像する。

こうして、校長会―東京都中体連―全国中体連―日本綿毛（＝尾崎商事）が密接に持ちつ持たれつの関係を維持しながら、ジャージ・ブルマーの浸透はいわばトップダウン方式[14]で急速に進んでいった。それにしても、年間三十万点を売り上げることがどれほどすごいことか。一点平均八百円として、単純に掛け算をしてみれば売上高で二億四千万円。どれだけの学校が採用すれば年間三十万点になるのか。中体振マーク方式を決めてから四年後にこれだけの実績を残せるのは、やはり東京以外にはなかっただろう。

大阪の場合

プライド

大阪についても簡単に見ておこう。

端的にいって、大阪では中体振マーク方式にかなり冷淡だったような印象を受ける。まず大阪中体連がこの方式について、どうせ東京で決めたことだからと初めから距離を置いている。実際、反対はしないが、中体振マーク製品の導入のために積極的に動いた形跡はとくに見られない。

それに大阪は繊維産業の集積地でもあり、学校と地元業者とのつながりも強い。その地元卸業者が東京を中心に進む体操服のジャージ・ブルマー化を横目で見ながら、その傾向がどの程度全国へと広がっていくのか様子をうかがっている。しかも学校が中体振マーク製品を採用するとなれば、これまで自分たちが扱ってきた学校用の体操着がすべてカンコー製品に取って代わられることを意味する。たかが児島の一業者に商都大阪を乗っ取られてなるものかというプライドもある。つまり東京に対する大阪中体連の冷淡さと、児島に対する大阪繊維業界のプライドとが相まって、ジャージもブルマーも中体振マーク製品の導入もなかなか進まなかった。

ところが、数年が経過するうちに学校体操着のジャージ・ブルマー化の波は、もはや押しとどめることができない時代の潮流であることがはっきりしてくる。そうなると、学校のほうもいつまでもトレパンにちょうちんブルマーというわけにはいかない。いったん主流になってみれば、トレパンはいかにも動きにくく格好も悪い感じがしてくるし、逆に密着型ブルマーのほうがスマートで女性らしさを表現しているようにも見えてくる。ジャージとブルマーも機能的でいいかもしれないとなれば、地元業者も対応しないわけにはいかず、卸業者はジャージとブルマーをなじみの下請けに作らせて販売を始めた。尾崎商事が体育衣料分野に参入してから、この時点ですでに五、六年が経過している。その段階になってもまだ中体振マーク製品への対抗心は強かった。大阪でできるものをみすみす児島の業者に明け渡すことはないのだ。

流れを変えたポリエステル

流れを変えたのは、素材が進化してポリエステルが主流になり始めたことである。下請け工場のほとんどは、新しい繊維であるポリエステルの特性を生かしながら、激しいスポーツにも耐える製品を作るだけの技術を持ち合わせてはいなかった。新規に設備投資をすれば別だが、学校相手の商売は利が薄いというのが業界の共通認識である。しかも、その時期にはすでにカンコー以外の大手ブランドもジャージとブルマーの製造・販売に乗り出している。千種の申し入れに難色を示した明石被服でさえ、遅くとも一九六八年には東洋紡・長尾商事と組んでジャージとブルマーの製造・販売をおこなっているのは第３章で見たとおりである。もはや、新たに設備投資をしても大きな利益を得る見込みはほとんどなかった。

一方、尾崎商事からすれば、大阪を始め関西は地元繊維業界の勢力が強く、なかなか食い込めないでいた地域だった。地元業者の腰が引けているときこそがチャンスである。学校関係に顔が利くベテラン営業マンを新たに補充するなどして、関西地区のテコ入れを図った。それが一九八〇年代後半のことというから、尾崎商事が体育衣料の分野に参入してからおよそ二十年もたっていたのである。

尾崎商事にとっては、中体振マーク方式を決めた一九六六年から二十年近くは、大阪で営業上の力を蓄える期間だった。その間、大阪府や市の中体連主催の大会に、協賛というかたちで尾崎商事の各営業所から継続的に寄付をして、そのことを通して中体連の競技専門部の教員と懇意になる。それだけでなく、中体連の役員や各専門部の長は校長が務めることがほとんどだから、やがて校長とも親しくなっていく。寄付を続けて、顔をつなぎ、多少の恩義を感じて製品を採用してもらう。商売上の信頼関係がそういうものだとすれば、この二十年近くは尾崎商事にとって大阪での信頼関係を築くための期間だったと言い換えることもできる。

まとめれば、大阪での密着型ブルマーは一九六〇年代後半以降、他地域からはかなり遅れて、しかも中体振マークとはほとんど関係なく、地元業者の手によって製造・販売され、普及していった。その後、素材の進化に伴って地元業者が大手メーカーに取って代わられるのだが、その過程でカンコー製品が食い込む契機となったという意味では、中体振マークの効果もないではなかった。ただ、マークの威力で学校が積極的に採用を進めたというよりは、採用を決めた学校の担当者が採用の理由を説明するときに便利だったからというのが実情のようだ。中体振マーク製品の採用が中学生の競技大会や体育振興にどれほど役立っているかを力説して、採用を決めてもらうというわけである。その際の競合相手はすでに大阪の地元業者ではなく、全国ブランドの大手学生服メーカーだった。また、全国中体連の副会長は各ブロックを代表していて、近畿ブロックからは慣例的に大阪代表の委員が選ばれることになっている。歴代副会長を出している大阪で、全国中体連が進める資金調達策に協力しないわけにはいかないといった事情も付け加えられたかもしれない。いずれにしろ、振興会が解散してから（一九八三年解散）ようやく地歩を築くことになるとは皮肉なことであった。[15]

こうして大阪は大阪なりの事情の下で、ほかの地域からはやや遅れぎみながら、かつ中体振マークの威力をほとんど発揮できないままに、ジャージと密着型ブルマーは浸透していったのだった。

大阪と東京の事情が違うように、ほかの地域もそれぞれに異なる事情があり、導入過程もその事情に応じて異なっていることだろう。地場の繊維産業が強いところとそうでないところがあるし、中体連と校長会の関係性にも違いがある。カンコー製品の勢力圏であるかどうか、地理的に東京に近いかどうかでも導入過程は異なるだろう。決して、全国が同じようにジャージと密着型ブルマーを受け入れたわけではないのである。

しかしその一方で、結果としてジャージと密着型ブルマーが学校体操着として日本全国津々浦々といっていいほどに浸透し、定着していったのも事実である。そこには日本全体が密着型ブルマーを受容する文化的素地があったか、あるいは何かしらの価値観の変容が起きていたか、もしくはその両方だったかと想像できる。次章ではこの点について検証したい。

注

(1)前掲『全国中学校体育連盟創立三十周年記念誌』七三ページ
(2)全国中学校体育連盟『創立十周年記念誌』一九六五年、二三ページ
(3)『田中先生の思い出』私家版、一九九三年、九一ページ
(4)東洋紡績株式会社社史編集室編『百年史――東洋紡』東洋紡績、一九八六年、二六―二七ページ
(5)一九八六年から社長。
(6)尾崎房次郎「全国中学校体育連盟の田中先生と私との出会い」、前掲『田中先生の思い出』所収、九一ページ
(7)この方式がTOP方式の先駆けであることは第3章の注でも書いたが、ほかのいっさいの推薦をやめてしまうのはTOP方式以上に大胆だった。しかし、この大胆さはあまり意味がなかった。実際、数年後には業種が異なる分野については推薦を復活させている。
(8)株式会社へ移行する以前の葵が具体的にどのような形態をとっていたか定かではない。個人事業だった可能性が大きいが、いずれにしろそのときすでに千種が葵の社長として各所に顔を出していたのはまちがいない。その後、一九七一年には株式会社に移行し、八〇年には卸・販売を自社でおこなうためにアオイ商事株式会社を設立、自社ブランド・キャッツアイの水着・ブルマーの販売に乗り出した。
(9)関係者へのインタビューから。
(10)このことからわかるのは、井口阿くりが持ち込んだニッカーボッカー風のブルマーが時代を経るにしたがって短く、スマートになって、ついに密着型ブルマーになったわけではないということである。

明治以来のブルマーは、ややスマートなちょうちんブルマーを終着点として進化を終え、密着型ブルマーは別系統から発生している。別系統とは海水パンツの系統である。千種が手を組んでいたのは水着と海水パンツの製造工場であり、密着型ブルマーもそこで作られた。密着型ブルマーを「水着のようだ」と称することがあったとしたら、それは単なる比喩ではなく、文字どおりの事態を表していたことになる。

（11）一九六〇年代後半はグループサウンズ全盛のころで、メンバーの多くが腰から太ももにかけて密着し、膝から裾にかけてややゆったりしたスタイルのパンツをはいていた。そのスタイルが流行になって男子中・高生は学生ズボンだけでなく、トレパンもまたそのような流行スタイルのものを好んではいていた。いつの時代も、若者にとっては機能性よりおしゃれが大事なのだ。

（12）前掲「会報」第二号、九一ページ

（13）前掲『全国中学校体育連盟創立三十周年記念誌』五九ページ

（14）生徒や保護者の要望によって採用が決まったのではないという意味である。

（15）中学校体育振興会が一九八三年に解散するにあたり、中体振マークの商標権を全国中体連が譲り受け、引き続き尾崎商事にマークの独占的使用権を与えることになった。期限は五年間、使用料は全国中体連に年二千万円、都道府県中体連には合計で年三千万円である。このことで振興会解散後も尾崎商事は中体振マークを使い続けることができたのだった。

第6章 密着型ブルマー受容の文化的素地

1 女子身体観の変容

一九六五年以降、密着型ブルマーがさしたる抵抗もなく学校に受け入れられていったのは驚きである。何しろ六四年の東京オリンピックの一年ほど前に、若い東洋の魔女たちが「こんな下着のようなものははけない」と拒否反応を示した代物である。それに文部省だって、女子が学校体育で身に着ける服装は体の線が出ないようにと細かいところまで気配りするよう指示を出していた。体育用の服装だから動きやすさは必要だが、一方で性的感情を喚起することがないように極力努めてきたわけだ。それがいくら中体連の資金難を助けるためとはいえ、オリンピック東京大会を挟んで数年の間に、それまでの拒否反応から、消極的であるにしても、とにかく受容するところにまで態度が変化している。その間に何があったのだろうか。女性の身体観に変化をもたらす何かがあったことはまちがいないが、その何かとはいったいなんだったのだろうか。

やはりオリンピック

その変化をもたらしたのは、やはりオリンピックだっただろう。では、オリンピック東京大会の何がこの変化をもたらしたのか。俗にいう外国人女子バレーボール選手たちのブルマー姿だろうか。そうではないと思う。日本中が注目した女子バレーボール決勝戦で、ソ連の選手たちはたしかに密着型のブルマー姿で日本と戦った。そのときの様子はいまでも目に浮かぶが、印象に残っているのはソ連選手の大きく強くたくましい姿である。とくにエーススパイカーのインナ・リスカルの強さなどは憎らしいほどだった。その姿を見て、クラブ活動でバレーボールをしている女子生徒たちがその姿に憧れ、監督もまた競技の最先端をまず服装から取り入れようとしたとしても不思議ではない。

オリンピックの最中に発行された「アサヒグラフ」(1)に掲載されている長期信用銀行の広告にも、グラウンドで女子高校生らしき人たちがバレーボールの試合をしている写真が誌面全体に使われている。写っているのは、黒の密着型ブルマーをはいたチームの一人が、白のショートパンツをはいた敵の女子チームにスパイクを打ち込む瞬間である。ここでは密着型ブルマーがすでにスマートで強いことの象徴として使われている。

しかし、そのことと学校体育の授業で密着型ブルマーを女子全員にはかせるのとは別の問題である。とにかく女子中学生の大多数はアスリートではないし、アスリートになりたいとさえ思っていないのだから。では、東京オリンピックの何が日本人の価値観を揺さぶったのだろうか。着目したいのは女子体操である。

テレビ中継の感動

若い女性が均整のとれた体をレオタードに包み、全身のボディーラインを強調しながら、両手を広げ、体をひねり、前に後ろに回転し、足を跳ね上げる。体のあらゆる面を観衆に見せながら、しかもそれが美しいと評価されるのだ。そのような光景を動く映像で見るのは、ほとんどの日本人にとって生まれて初めての経験だった。というのは東京オリンピック以前の大会では、衛星中継の技術は実用化されておらず、海外で開催されるオリンピックを実況はおろか、まとまったかたちの録画映像でさえ見ることはできなかったからである。

それまでの日本人は、現在のようにオリンピックを映像を中心に見ていたのではなかった。東京大会の一つ前の大会、一九六〇年のローマ・オリンピックの場合、新聞を除いて、競技の情報は「ラジオは各局ともナマ中継と録音を主にした特別番組を組むが、テレビはビデオ・テープやフィルム空輸のため二日遅れて放送されることになる」[2]という状況だった。

たとえばNHKラジオの場合、深夜は第一放送で〇時から一時間、早朝も第一放送で六時四十分から二十分間、夜は第二放送で八時三十分から三十分間の三回の放送で合計一時間五十分、その枠のなかで「日本選手の出場する種目は全部放送する」[3]というのだから、かなりのダイジェスト版ではある。それでも、日本選手が出場する競技の実況がわずかでも組み入れられているとなれば、それなりの迫力はあっただろう。

テレビについてはさらに短くて、朝は七時十五分から十五分間、夜は七時三十分から三十分間の二回の枠で二日遅れの競技のハイライト場面を放送するほか、速報も流していた。[4] 断片的な映像があるとはいえ、テレビはほとんど結果だけを見るものだったのだ。オリンピック・ローマ大会での「裸足の王者アベベ」といえば小学生でも口にする流行語だったが、何秒かのニュース映像を除けば、アベベが裸足でマラソンを走っている様子を見た者はいなかった。

要するに、東京大会以前のオリンピックはほとんどの日本人にとっては見るものではなく、聞くものだった。結果は新聞で、楽しみはラジオでというスタイルである。それが一九六四年の東京大会で大きく変わった。人々はオリンピックをテレビで見た。すでに白黒テレビはおよそ九〇％の世帯に普及していて、カラー放送もようやく始まりつつあった。「オリンピックをカラーで見よう」は当時を表す代表的なキャッチコピーだった。オリンピック期間中、NHKは毎日十時間以上の中継放送をおこない、深夜には四十五分間のハイライトを流した。途中、わずかにニュースとドラマなどを放映する以外、ほぼ一日中オリンピック放送といえる状況だった。

女子体操の衝撃

しかも、映像の断片と結果だけではなく、試合や演技を一つのまとまりとして実況中継しているのを見て、日本中の人が興奮し、応援した。マラソンなどの長時間競技を初めから終わりまでじっ

図19　平均台の演技をするベラ・チャスラフスカ選手（チェコスロバキア）
（出典：『第18回オリンピック競技大会公式報告書』グラビア）

くり見るということもそれまでには考えられなかったことである。初めてづくしのオリンピック視聴のなかでも、女子バレーボールとは違う意味で人々が目を見張ったのが女子体操の演技だった。

筆者の場合は小学校五年のときに、学校の一室で女子体操の演技を見た。テレビが映し出していたのは外国人選手の平均台の演技であり、カメラはときにきわどいアングルから選手をとらえていた。世界最高の演技とはこういうものかとテレビの画面に釘付けになっているとき、担任の三十代半ばの男性教師が一言注意を発したのを覚えている。「おまえら、変な目で見るんじゃないぞ！」

その感覚が個人的な例にとどまるものでないことは、当時の新聞を見ても女子体操の扱いが別格である点に見て取れる。写真付きで報道されるのは、ほとんどの種目で優勝者だけであり、しかもすべての種目ではないのに対して、女子体操選手たちの演技姿は各紙がこぞって写真付きで紹介している。こうした記事の多くは、演技の紹介はほんの付け足しにすぎず、主眼は記者がどれほど女子選手たちの肉体や姿に感動し、見とれたかを読者に伝えるものだった。

図20　スウェーデンチームを紹介する写真
（出典：「朝日新聞」1964年10月20日付）

ことに、「朝日新聞」が見開き二面全部を使って女子体操選手の写真特集を組んでいたのはその典型である。副題にもあるように形式上は「女子体操規定問題の妙技」[5]を紹介する体だが、全部で七枚十人の女子選手を映し出した写真につけられたコメントには、演技に関する記述はほとんどない。「均整」と題されたチャスラフスカ選手の写真には「うなじに乱れる金髪、ライトにはえるハダがびっくりするほど白かった」とコメントがつき、「可憐」と題されたスウェーデンの四人の選手が写った大判の写真のコメントでは「まっ白いハダ、ブロンドの髪、空色のユニフォーム、まるでキューピーがはねまわっているみたい」という。丸裸で赤ちゃん体形のキューピーにたとえて、この記事は何をいいたいのか。短いコメントの続きを読むと、実はこの比喩を始め、コメントのすべてが四人のうち特定の一人だけを描写しているのだとわかる。「ツツーと、リズムを取って曲がるが、その何げない仕ぐさが可憐で、いっそうの愛くるしさをふりまく。……右端のリンドールさん、二つ組みにあんだ髪に水色のリボン。彼女をしたって、チョウチョウが舞ってでもいるごとき風情」

まるで高校生の片思い日記である。このコメントを書く記者の目はもはや競技を報道するジャーナリストのそれではない。この人は「まっ白いハダ、ブロンドの髪」の可憐な女性がレオタード姿で、胸の形や腰のくびれ、お尻の曲線までもあらわに、移動したり演技をしたりするのを初めて間近に見て、心を激しく揺さぶられたのだろう。そして、その動揺というか興奮はテレビを見ていた人々にとっても、多かれ少なかれ共通する感情体験だったにちがいなく、記事はそうした人々の感情体験をいわば「代弁」するものだったと思われる。

もちろん女子体操選手がレオタード姿で演技をするのは以前からのことだし、その姿は新聞でも写真入りで紹介されていた。しかし、しょせんは遠い海外でのことで、一部のアスリートの特殊な世界での出来事だった。それが東京オリンピックで変わった。若く健康的な女性が体の線もあらわに演技するさまをテレビを通して多くの人々に見てもらい、美しいと評価される空間に自分たちも生きていることを実感したのが東京オリンピックだった。

見る＝見られる対象としての女性の肉体が、いくぶんかの性的な感情を喚起しながら、オリンピックという場で美と健康と結び付くことによって一挙に正当性を獲得した。それだけでなく、女性の肉体自体が魅力的でより積極的に肯定されるべきものというふうに日本人の認識を変えた。オリンピックのテレビによる実況中継にはそれだけの力があった。

ブルマーをめぐるアンビバレンス

そのような認識の変化が下地にあってこそ、学校も密着型ブルマーが提示されたときに、さして抵抗感もなく容認できたのだろう。また初めて着用を指示された女子生徒たちにしても、多少の照れくささはあったにしても、東京オリンピックで見た女子体操選手たちの姿に自分を重ねて、密着型ブルマーを着用する姿を（強さではなく）美しく、ときには可憐で魅力的と感じることができたのではなかったか。[6] 掛水の調査の自由記述にも、一九六五年に小学校四年生だった女性が「ちょうちんからぴったりのブルマーに変わり、カッコいいと思いました」と書いているし、ほかの女性は七一年に「あこがれのブルマーでした。中学生になったぞという気持ちでとにかくうれしかった」、あるいは七三年に中学生で「バレー部やバスケット部で背が高く足が長い人は、ブルマー姿がすごくすてきでした[7]」と書いている人もいる。

とはいえ、少女が自分の体の線をより直接的に人目にさらすことになるのだから、一方ではそのこと自体に恥ずかしさや嫌悪感をいだく人もいたのは容易に想像できるし、実際、密着型ブルマーに否定的な声は掛水の調査にも多く見られる。「ブルマーだと下着が出ていないか気になるし、それ自体が下着みたいでいやだった」（一九六四年）、「男子は短パンなのに、女子だけパンティー型、悪く言えばパンツ一枚で体操する意味がわからなかった」（一九六六年）、「太りぎみで、体形が丸見えだったので、恥ずかしかった」（一九六九年）、「パンティー型のブルマーだったので生理中のときなどとても気になりました。男子生徒の目も気になった思いもありました」（一九七〇年）、「足を出すのがみんないやだといっていました。それに下着がはみ出ていないか、気になりました」（一九七二年）など、量的にも否定的な思い出を語

る声は好意的な意見を圧倒している。(8)

こうした否定的な感想は初めての着用後、間を置かず出てきていたと考えられるが、いったん学校が採用したものを簡単に変えることはできない。不満を抱えながらはき続けるよりほかなく、せめてもの抵抗は上着を外に出してお尻の部分を隠すことくらいだった。だが、学校によっては上着をブルマーの上に出すことさえも禁止した。女子の不満の声は学校に届くことなく、抑圧され、私的な不平以上のものとしては扱われなかった。

要するに、学校の側はオリンピックによって女性の肉体に新しい美的感覚と健康観を見る視線を得て、学校に密着型ブルマーを採用することにほとんど抵抗感をいだかずにいたと考えられる。対して、着用する女子生徒の側では、密着型ブルマーの導入時から常に歓迎派と嫌悪派とが併存していたし、歓迎派にとってもカッコよさと恥ずかしさはアンビバレントなかたちで共存していたといえる。そして、このことがのちにさまざまな問題を発生させることにもつながっていく。

2　スカートの下のブルマー

密着型ブルマー浸透の文化的素地に関しては、もう一点ふれておきたいことがある。スカートの下のパンツ二枚ばきの伝統である。

古来、日本の女性はパンツをはかなかった。着物を着るときはもっぱら腰巻きや襦袢など体に巻き付けるタイプの下着で、今日のように股を布で覆うタイプのパンツははかなかったし、そもそもそのようなものはなかった。それが明治以降、服装の西洋化が進み、女性の服装としてスカートが珍しくなくなるにつれて、スカートをはくときは極力パンツもはくように奨励された。

しかし、このパンツが都市部の一部上流階層の女性を除いてなかなか浸透しない。一般女性に浸透していくのに貢献したのは高等女学校の学生たちだったが、その女学生たちさえ家に帰れば制服を着物に着替え、同時にパンツを脱ぐことが多かったという。素材的にはき心地がよくなかったこともあるが、それ以前に日本女性の心性として、布地で股を覆うこと自体が女らしさを損なうと感じていたらしい。このあたりの事情については、井上章一[9]が多くの文芸作品を引用しながら詳しく論じているので参照されたい。

ともあれ、スカートは着物に比べて下方がより開放的だし、風によってまくり上げられたり、しゃがんでいるときには外からの視線が奥に届きやすかったりもする。スカートを奨励するなら同時にパンツも奨励するのが防寒・防犯目的で必須のことであり、この点はことあるごとに強調された。なにぶん下方が開放的だから、スカートをはいているかぎり冷気はたえず足元から入ってくる。スカートを厚手にすれば冷気に関しては多少の改善が期待できるが、風紀の面では事情はさほど変わらず、かといって、ただでさえはき心地の悪いパンツを厚手にして、あたかも綿生地の帆布をパンツにしてはいているようなさらに大きな違和感を股に抱え込むのは避けたい。

解決策はそう難しくはない。股の部分の冷えを防ぐためにはもう一枚パンツをはけばいい。防犯についても同様で、よりいっそう用心するならもう一枚パンツを重ねればいい。二枚ばきをすることが実際にどの程度貞操を守ることに貢献するのかわからないが、安心感を大きくするのには役立つだろう。この点については活字メディアや権威筋にいわれるまでもなく、女性たちが自発的に実践する様子がかなり早い時期から文芸作品中には描写されている。井上が引いている例を紹介すれば、たとえば木谷絹子『女給日記』(10)にはこんな一節がある。

「ことによるとね。今晩寝てからね、帳場の清川さんが私のところへくるかも知れないのよ……だからね姉ちゃん、姉ちゃんも、パンツを二つか三つ穿いてねるといいわ。私の経験ではね、一つでは安心ならないのよ。いざとなると、男の力にかなわないわ。二つなら余程《よほど》いいけど、三つなら大丈夫なの(11)」

また、船乗り相手に日用品や食物を売る沖売りの女が用心のためにパンツの多重ばきをするのは珍しいことではなかったことも、井上は葉山嘉樹の『海に生くる人々(12)』や小林多喜二の『蟹工船(13)』を例にあげて示している(14)。

こうした例はいずれも性犯罪から自分を守るための二枚ばきであり、民衆の知恵としての二枚ばきである。しかし、このパンツ二枚ばきの知恵はただ民衆知としてだけあったわけではない。二枚ばきは国ぐるみで奨励されてもいた。

『生活改善の栞』

一九二〇年(大正九年)に社団法人として発足した生活改善同盟会(会長は伊藤博邦侯爵、元貴族院議員)は国民生活全般の近代化を図るために『生活改善の栞(15)』という啓蒙冊子を作った。服装については、関東大震災（一九二三年九月）の際に、着物が機敏な動きを妨げたために女性の犠牲を増やしたといわれていることを念頭に、かなり細かい点にまで気を配っている。しかも、これまでの慣習を全面的に否定してはかえって改善を妨げると考えたのか、「過渡的な方策」と断ったうえで次のように提案する。

すなわち和服は下半身が開きやすい欠点をもっているから、袴で覆うのもいいが、それよりもスカートのほうが軽くて動きやすい。その場合、洋式下着をはくことは衛生上からも風儀上からも「速やかに実行したい」という。「風儀上」というのは、見苦しくないようにという意味と同時に防犯の意味が含まれている。まずは大人の女性にスカートとパンツをはきなさいと奨励しているわけである。

図21　『生活改善の栞』（改訂版）、1925年

次に女児については、肌着は上下つなぎのコンビネーションかセパレートのボディースとズロースを身に着け、その上にペチコートを着るのがいいという。暑いときにはペチコートの代わりにブルーマース（ブルマーのこと）を身に着けてもいいが、その場合、ブルーマースは上着と同じ色にするように奨励される。子どもの場合はところかまわず跳びはね、人の目など気にしないから日常的にスカートのなかが見えることを前提に、見え

ても問題とならないための方策としてブルマーが位置づけられていることがわかる。

ところが、啓蒙の効果はあまりなかったようで、生活改善同盟会は三年後には改訂版を出して、再度念押しをしなければならなかった。

成人女性の場合、パンツが期待どおりには定着しなかったらしく、「完全なる安全下穿き」を着用することは、風儀上かつ自衛上も非常に有効なのでぜひ実行してください、と「自衛」の側面を新たに強調して念押しされている。

女児の場合も、洋装のときは「必ず洋式下穿きドローアース及びブルーマースを用いる様にしなければなりません」と今度は季節にかかわらずパンツの二枚ばきを奨励する記述になっている。なお、ブルマーの色を上着と同じにするようにという注意は以前と同じである。

ブルマーの語法

ブルマーがいつも二枚ばきの二枚目のことを指すのかといえば、必ずしもそうでない例もある。次に引用する子どもの下着の例にはパンツとズロースとブルマースが登場するが、一枚目だろうが二枚目だろうが、裾をゴムでくくるタイプのものはすべてブルマースと呼ばれている。[16]
「下着の着方によく注意をして季節に相当する様に調節する事が、最も必要です。且つ寒さの調節のみでなく、洋服を着せて、下着に注意せぬのは、風紀の上からもよくないことです。（略）このシャツを下胴までの丈として、パンツ又はブルマースと合わせますと、第四図第五図の如き下着になります。……男の子でしたら……寒い折には、パンツも毛織物や毛糸で作ったものを、ブルマースの上にはかせます。女の子供には……下穿きのブルマースの上に、毛織物のブルマースを作って穿かせますのも、暖《あたたか》です」

作り方の説明を見ると、ブルマースは裾にゴムテープを通すところがほかのものにはない特徴で、ズロースは裾にレースがついていて、パンツは最もシンプルでレースもゴムも使わない。この場合、男子用がパンツで、女子用がズロースだ。着用の順番は、基本的にはいちばん下にブルマースを、その上にパンツやズロースをはくことが想定されている。ブルマースに男女の区別はない。文中にいう「風紀」というのはとくに女子の場合、裾がすかすかにあいているパンツではなく、裾にゴムを通して、なかがのぞき見えたりしないように気をつけなさいという趣旨である。

この例では、ブルマースは形から名づけられていて、いちばん下にはくか二枚目にはくかの用途にかかわりなくブルマースと呼ばれている。また女子の場合、ブルマースは一枚目にはいても二枚目にはいても、見えても大丈夫なものとして扱われていることに注目しておきたい。

この記事についてもう一点指摘しておくと、文中には「男の子でしたら……寒い折には、パンツも毛織物や毛糸で作ったもの」とあるが、一九五〇年代後半には毛糸の編み機が家庭に普及し始めていて、男子だけでなく、女子も防寒用に毛糸のパンツをはくことが多かった。毛糸だから、伸縮性もあり、あまりゆったりしたものではかえって不都合で、どうしてもお尻に密着する形になる。その点だけを見れば、毛糸のパンツを身に着ける時点で、のちの密着型ブルマーと同様のものをスカートの下にはいていたといえる。

図22の写真は、やはり井上が紹介しているものである。なぜ女子生徒がこんな格好をして写真に

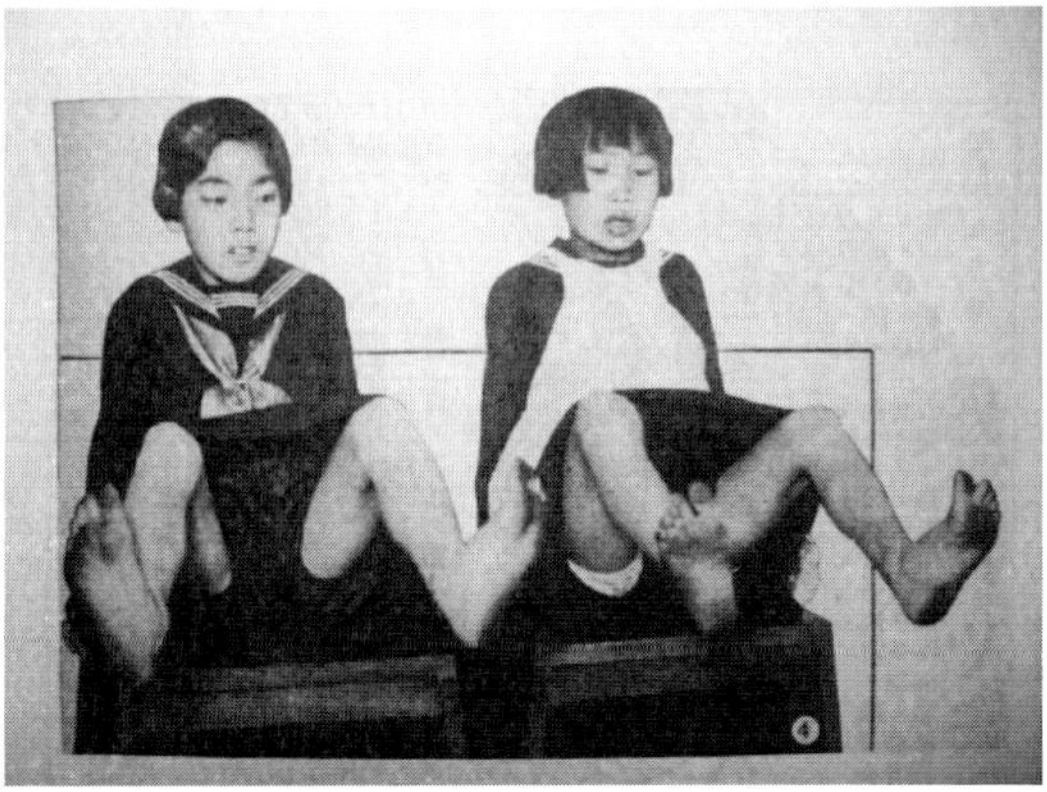

図22　扁平足の矯正体操をする子どもたち
(出典:「アサヒグラフ」1932年4月27日号、朝日新聞社)

収まっているのかと疑問に思い、出典の「アサヒグラフ」を見ると、扁平足の矯正体操の解説記事だった。立ったまま足首を曲げたり、足の指を閉じたり開いたりするステップを三つ踏んだあとに、第四ステップとして、イスに浅く腰かけ、足を持ち上げた姿勢で足首から先を上に折り曲げる運動をしているのがこの写真である。

二人ともスカートのなかのパンツが丸見えになっているのは、現在の感覚からするとちょっと異様な感じがするが、そこが興味深いところで、向かって右の女児は黒のブルマーから白のズロースがはみ出ているのがわかる。左の女児は黒のブルマーだけが見えるが、ブルマーだけをはいていたわけではないだろう。

この写真から当時の女子児童のパンツに関して三つのことがわかる。一つ目はズロースの上にブルマーをはくパンツ二枚ばきがごく普通に浸透していたらしいこと。二つ目は、女子児童がこのような格好で両足を広げてパンツが丸見えになっていることをなんとも思っていない様子であること。さらに三つ目として、女子児童だけではなく、この写真の撮影者も掲載した編集者もまた、女子のスカートのなかが丸見えになることに対して、なんら違和感をいだいていなかったらしいことである。つまり、誰もパンツ丸見えの状態に違和感をいだいていなかった。なぜだろうか。それは見えているのがブルマーであり、二枚ばき用のブルマーはそもそも見えても羞恥を覚えず、見ても欲情をそそらないはずのものとしてスカートの下にはいていたからである。

ファッションとしてのブルマー

大人の女性についても見ておこう。

一九三四年ごろの記事では「夏の洋装　お支度案内[17]」として、「下着一揃えと着付け順序」が紹介されている。そのタイトルの下に小さくドロシー・エドガースと書かれているから、もともとエドガースさんが解説したものを日本で手に入る素材に入れ替えて書き直したものだろう。

解説は①ブラジャーから始まり、②シミーズ、③コルセット、④靴下と続き、⑤がズロースである。そこにはこうある。

ズロース（Drawers）：「靴下が着れましたら、メリヤス地のズロースをはきます。ズロースは殊に腰の形に影響しますからダブダブでなく、肌によく合ったものをはかねばなりません」

添えられた写真を見ると形は股下がないパンティー型である。さらに⑥ブルマースと続く。

ブルマース（Bloomers）：「ズロースの上にさらにブルマースをはきます。これも腰廻りによく合ったものをお求めください」

生地はベンベルグか富士絹。ここに添えられているブルマーの写真はちょうちんブルマー型ではなく、生地からも想像できるように滑りがよく、腰にやわらかく密着して、裾が太股に流れるタイプである。完成図として掲載されているイラストには、細身の女性がノースリーブの膝下丈のワンピースを着ている様子が描かれている。スマートに着こなすには、下着もすべて体に密着するものでなければならないのは当然だろう。

国家と二枚ばき

さて、いよいよ国家が前面に出てくる場面である。

日中戦争もいよいよ勢いを増し、数カ月後には生活必需物資統制令が公布されることにもなる一九四一年の一月、国家総動員体制の一環として、文部省は学校生徒の制服を統制すると発表した[18]。

戦時体制下の翼賛雑誌である「被服」[19]には、男女ともに制服の詳細にわたる説明が掲載されている。そこではズボンやスカートなどの用語は避けて、下に着けるものはすべて日本的に「袴」と表現されている。しかし、これではズボンとスカートを区別できないから、苦肉の策で「袴（ズボン）」と「袴（スカート）」と書くのだが、それなら初めからズボンとスカートでもよさそうなものだ。こういうところに戦時下の精神が表現されていておもしろい。かたちとしては、袴（スカート）はひだなしで、丈は裸足の状態で床から三十センチ、色は紺と決められている。続いて「袴の下には膝下迄の同色中穿（ブルーマース）を穿く、但し夏は適宜とす」と、この場合は冬の防寒用としての二枚ばきの奨励だが、二枚ばきには常に風紀上の配慮も伴っているから、よほど暑いときにはやむをえないが、できれば二枚ばきを励行したいというのが趣旨である。

婦人標準服とブルマー

さらに、真珠湾攻撃から二カ月後の一九四二年二月には厚生省生活局が婦人標準服なるものを制定し、発表している。洋装スカートタイプを甲型とし、乙型が着物、それに活動型のもんぺを加えて三種類を示し、それぞれ下着にいたるまで統制の目配りをしている。厚生省生活課長による標準服考案の趣旨を要約すれば、およそ次のようなことである。標準服はまず、「日本的な性格を絶対に持たしむる」として洋服の場合も着物と同じように巻き合わせを基本とする。そうすると裾の開放性が問題になるのに加えて、和服にしても洋服にしても腰部や腹部を冷やしては母性によくないし、ひいては民族増強上の障害になるから、下着類の完全な組み合わせはどのようなものかを考える必要がある。その結果、「巻き合わせにおける裾の解決はぜひ中穿きを使用するものとする」ということになった。つまり、着物の場合もスカートの場合も下ばきの上にもう一枚中ばきをはくことによって、風紀上・健康上の問題は一挙に解決できるというわけである。

標準服を決めるのに先立って厚生省は前年に国民から案を募集し、その優秀作品を「被服」誌上で発表している。スカートのケースとしてあげている作品は、下着はブルーマースとズロースと保温バンド（腹巻きのようなもの）がセットになっていて、[20] ズロースには「和服下にも是非用ひたいもの」という注釈がついている。この時点で和服には腰巻きだけという女性がまだ少なくなかったのだ。片や、ブルーマースの説明としては「保温、着脱自由、風紀厳正」とあり、ズロースだけでは心もとないスカートの裾問題を、ブルマーとの二枚ばきで補う趣旨が明確である。ただし、標準服の発表にあたって「ブルーマース」などと敵国アメリカの言葉を使いたくない厚生省はこれを「中ばき」と称したわけである。

それまでズロースとブルマーの二枚ばきは主に子ども用に先行して奨励、実践されてきたのが、戦争を機に大人の女性たちにも二枚ばきが奨励され、ついに日本はパンツ二枚ばき国家の様相を呈することになった。もちろんこのことは史料の字面を追えばという話であって、実際には寒さ対策としてパンツの重ね着をする以外、夏の暑い盛りに二枚ばきを励行していたとは考えにくいし、年配の女性のなかには、依然として襦袢や腰巻きを下着としていた人も少なからずいたことだろう。いずれにしろ、戦時下の日本で標準服を着て、パンツを二枚ばきすることは（少なくとも厚生省的には、あるいは帝国陸軍的には）陰ながら国家を支えることだった。[21]

戦後の二枚ばきとブルマーの進化

パンツ二枚ばきの伝統は戦後の日本にも引き継がれた。第1章でもふれた『文部省版 男女の交際と礼儀』の「服装」の項には「下着の種類と着方」という下位項目があり、「女子の場合」として、着用の順番に①シュミーズとズロース、またはコンビネーション、②ブルーマー、③スリップがあげられている。ここでも、ズロースの上にブルマーをはくのが当たり前のように想定している。この二枚ばきが風紀上の問題に備えた措置だったことはすでに指摘したとおりである。

ここまで長々と二枚ばきの伝統のありさまを描写してきてわかるのは、この伝統とともに、ブルマーが長く日本の女児・女性に日常的になじみのあるものとして着用されてきたということである。

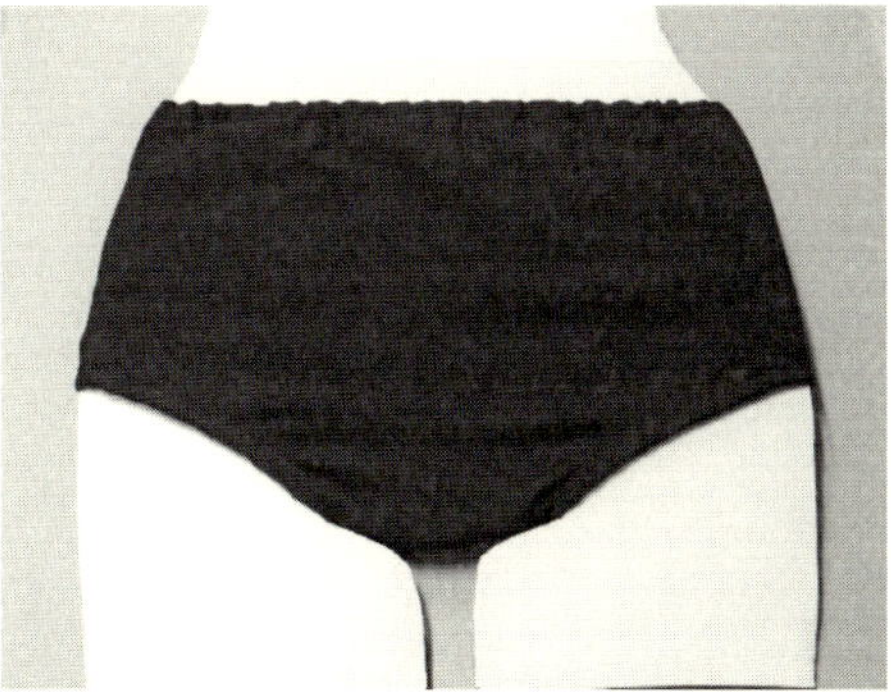
図23　2枚ばき用のブルマーを作ってみた

全体の流れのなかでとくに注目したいのは、学校体育で用いられてきたブルマーとは別に、スカートの下のブルマーは二枚ばき用として独自に工夫がこらされ、進化してきたという点だ。進化の形態のなかにはドロシー・エドガースさんが紹介したもののように、一九三〇年代にはすでに細身のワンピースの下にはいてもなお美しく、スマートさを保てるくらいに、素材的にもスタイル的にも体の線に沿うタイプのものがあった。密着タイプのブルマーは徐々におしゃれで「現代的な」装いの構成要素となっていったと考えられる。

一九五〇年代半ばには鴨居羊子が化繊素材の小さめのパンティーを売り出したこともあり、六〇年代に入って、おしゃれな女性は下着にもいっそう気を遣うようになっていったと想像する。当然、その上にはくブルマーも体に密着したタイプのものが工夫されただろうし、女子中学生ともなればそういったスマートなブルマーがあるのに、いつまでもちょうちんブルマーをスカートの下にはいていたとは考えにくい。

上の写真は一九六六年三月の「朝日新聞」に掲載された「水曜洋裁店　スカートとブルマー」という記事の型紙から実際に作ってみたブルマーである（図23）。記事には「短めのスカートをはくと、裾から下履きがのぞきます。小さい子どもさんの遊び着には、スカートとおそろいでブルマーも作っておきたい」とあり、これもまた風紀上の対策としてブルマーを奨励しているのだが、写真を見てわかるように、二枚ばき用のブルマーはすでに密着型ブルマーそのものである。素材が違うので伸縮性はないものの、腰の部分に余計なふくらみはなく、股下をほとんどなくすことによって動きやすさが確保されている。

記事が掲載された一九六六年三月といえば、尾崎商事が密着型ブルマーに中体振マークを付けて製造販売を始めてからわずか一年後である。東京では比較的早く密着型ブルマーが浸透していたとはいえ、洋品店で買ってもさほどの値段ではないブルマーと同じ形のものを、ごく当然のこととして新聞が自作することを勧めている。このことは、密着型ブルマーが学校でようやく浸透し始めたのとは別に、二枚ばきの伝統を受けて進化してきた結果だと推測できる。

ブルマーのアンビバレンス

この推測をやや広げて密着型ブルマーの受容とからめていえば、密着型ブルマーは学校体育の女子体操着として採用される以前に、すでにスカートのなかの二枚ばき用としてかなり一般的なものとしてはかかれ、なじみのものになっていたのではないか。だからこそ、密着型ブルマーが学校体育で採用されたとき、その姿を見る男子の動揺とは裏腹に、女子には比較的冷静に受け止められたのではないだろうか。

とはいえ、ここにもアンビバレンスな感情はつきまとっていたと考えられる。二枚ばき用のブルマーは防寒用と同時に風紀上の対策として、見えてもかまわないものとしてはかれてきたが、依然として下着であることには変わりがないからだ。[22]

二〇一〇年ごろから若い女性の間にすっかり定着した感があるレギンスにしても、夏にはレギンスの上から腰にわずかばかりの布を巻き付けただけのようなファッションや、スカーフのように透き通る素材のスカートをはいている姿を目にして驚いたものだ。女子学生に聞けば、仮に布やスカートのなかが見えてもどうということはないが、そのわずかばかりの布や透き通る素材のスカートなしに、レギンスだけで外を歩くなどという大胆なことはとてもできないという。

同様のことが密着型ブルマーにもいえるのではないだろうか。見えてもどうということはないから体操着としても受け入れやすい。一方で、それだけで外に出るなどということは下着で外を歩くようでとてもできないという感覚もあったのだろう。この点に関しては、水着同様、男女別の学校体育という限定された時間と空間でだけ着用されるという条件によって、かろうじて密着型ブルマーが女子体操着として許容されたと考える。だからこそ、この条件が破られるとき、たとえば校外マラソンなどで、耐えがたい恥ずかしさを感じることがあるのは当然のことだったといえる。[23]

この章では東京オリンピックを契機とする女子身体観の変容と、スカートの下のパンツ二枚ばきの伝統を密着型ブルマー受容の文化的素地として記述してきた。時代の順番からいえば、パンツ二枚ばきの伝統がかなり以前から底流として続いていて、そのうえにオリンピックによる身体観の変容が加わるかたちである。にもかかわらず、身体観を先にもってきたのは、やはりそうした価値観が直接的な引き金の役割を果たしたと考えるからだ。あるいはこう言い換えてもいいかもしれない。

パンツ二枚ばきの伝統は密着型ブルマーをなじみのものとするのに貢献したが、それはあくまでスカートの下のことだった。それを美と健康とに結び付けて、表の領域に引き出す原動力になったのがオリンピックだったのだ。オリンピック東京大会は競技結果はふるわなかったが、女子身体観を変えたという意味では、やはり歴史に残る出来事だったといえそうだ。

注

(1)「アサヒグラフ」一九六四年十月二十二日号、朝日新聞社
(2)「朝日新聞」一九六〇年八月二十四日付
(3)同紙
(4)「朝日新聞」一九六〇年八月二日付
(5)「朝日新聞」一九六四年十月二十日付
(6)外国人女子バレーボール選手たちのブルマー姿が何の役割も果たさなかったというのではない。ブルマーをはくとこういう姿になるという実物見本を提供したことと、トップアスリートたちはこのような姿で競技をしているのだという現実を見せたという意味では、密着型ブルマー普及に貢献したといえる。
(7)前掲「ブルマーの戦後史」二〇六―二〇九ページ
(8)同論文二〇九―二一三ページ
(9)井上章一『パンツが見える。――羞恥心の現代史』(朝日選書)、朝日新聞社、二〇〇二年
(10)木谷絹子『女給日記』金星堂、一九三〇年

（11）前掲『パンツが見える。』一〇八ページ
（12）葉山嘉樹『海に生くる人々』改造社、一九二六年
（13）小林多喜二『蟹工船』（「日本プロレタリア作家叢書」第二編）、戦旗社、一九二九年
（14）前掲『パンツが見える。』一〇六―一〇七ページ
（15）生活改善同盟会編『生活改善の栞』生活改善同盟会、一九二四年
（16）「手縫いで出来る子供洋服の下着十種」「婦女界」一九二四年十二月号、婦女界社
（17）天野正子／桜井厚『「モノと女」の戦後史――身体性・家庭性・社会性を軸に』有信堂高文社、一九九二年
（18）文部省「学校生徒の制服統制と其の通帳」「被服」第十二巻第一号、被服協会、一九四一年、八六―九一ページ。なお『朝日年鑑』（朝日新聞社編、昭和十七年版、朝日新聞社、一九四一年、四〇二ページ）には「女学生の制服制定」と女子の場合だけ採録されている。その記述は「文部省では女子中等学生に全国一定の制服を着用させるため、省内の中等学校生徒制服統制協議会で型や色を研究していたが、一六年一月十日の協議会で次のごとく決まった」として、上着や外套の色や型やポケットなど細かいところまで指定している。
（19）発行元の被服協会は事務局を陸軍内に置いていた。
（20）「被服」第十二巻第五号、被服協会、一九四一年、一三ページ
（21）中山千代によれば標準服は実際にはほとんど着用されなかったという。空襲が始まるとすべての女性はズボンかモンペをはいたが、これも標準服の「活動衣」に指定されていたからではなく、「決戦服」と呼ばれたように、絶体絶命的に着用しなければならない服装だった」（中山千代『日本婦人洋装史』吉川弘文館、一九八七年、四四九ページ）からである。

(22) ブルマーをどこにしまっていたかという調査(対象は十代から四十代までの女性百十七人。時期は二〇〇二年十月)で、六六・七%の人は下着と同じところと回答している。また、下着として定着したあとでは、薄手と厚手と二種類のブルマーを用意し、薄手のものは常時着用し、体育のときはその上に厚手のブルマーをはいていたケースもある。しかも体育用のブルマーを忘れたときはクラスが違う友人に貸してもらい、常時着用の薄手のブルマーで体育をすることは絶対になかったという(二十二歳の女子学生)。

(23) 女子学生の体験談による。

第7章　密着型ブルマーの消滅過程

1　性的シンボルとしてのブルマー

前章までは、密着型ブルマーが比較的短期間に全国規模で広がった歴史的・文化的背景とメーカーによる販売行動の実際について述べてきた。そうして全国に普及して以降、おおよそ三十年間、密着型ブルマーは学校での女子体操着として定着し、着用する女生徒に抵抗があってもその地位は一貫して変わることがなかった。その三十年間の意味についてはのちの章で考察することにして、ここではいよいよブルマーが学校から退場していく事情について考察しておきたい。

俗説の検討

密着型ブルマーの消滅に関して最も流通している俗説は、一九九〇年代に入ってブルセラショップなどの性風俗業界の商品となるにいたって、密着型ブルマーが性的まなざしの対象となったからというものである。しかし、第2章で検討したように、性的まなざしの対象となっていたのは密着型ブルマーが学校体操着として導入された当初からのことで、経緯からすれば性的なまなざしが注がれることは、学校で女子体操着として採用される際の要素の一つだったとさえいえる。

たしかに一九九〇年代以降、密着型ブルマーの盗難事件が相次いで報道されるようになるが、ブルマーの盗難自体は六〇年代にもやはりあった。違いといえば当初は大量の盗難ではなく、個別の盗難だったことである。誰かのブルマーがなくなったが、みなも盗難には注意するようにという注意喚起がときどきなされはしたものの、ニュースになることはなかった。そもそも大量のブルマーを盗むメリットは、盗品を流通させるマーケットが成立している場合に限られるのであって、ブルマー大量盗難報道がブルセラショップの登場と軌を一にしていることもそのことを裏付けている。[1]

性のシンボル

それにしても、どうして密着型ブルマーが盗みの対象になるのだろうか。盗みに限らず、問題はどうして密着型ブルマーだけが性的欲望の対象になるかという点である。特定の女子のことが好きで、どうしてもその子の身に着けたものを手に入れたいという願望をいだくとき、どうしてそれがちょうちんブルマーではなく、ましてジャージのズボンではないのだろうか。だが、ちょうちんブルマーやジャージズボンはとりたてて性的欲望の対象にはなってこなかったし、盗難の対象にもならなかった。つまり、肌に触れている面積が大きいとか汗をたくさん吸っているといった物理的な面だけでは、密着型ブルマーだけが性的対象になることの意味は説明できないということだ。ここはどうしてもシンボリックな意味について考えてみる必要がある。

学校の女子体操着としてのブルマーは、井口阿くりが日本に紹介したニッカーボッカー風のブルマーから次第に裾が短くなり、やがて太ももの付け根まで上り詰めて、腰の部分をゆったりと覆うばかりの状態になった。一九六〇年代までに女子中・高生の太ももは万人が等しく眺められるものになった。しかし、それでも学校は文部省の意向を受けて、あからさまに体の線が出る服装は避けて、ブルマーは腰に密着しないちょうちん型にしていたし、上着も厚手の綿のブラウスを体操服としていたところも少なくなかった。女子生徒が性的存在であることを前提にしながらも、肉体の形状を表面にさらすような状況はできるだけ避けようとしてきたのである。女子は産む性として、どれほど露出部分が増えたとしても、シンボリックな意味ではあくまで健康さが求められていたといえる。

ところが密着型ブルマーはそうした配慮をすっかり取り払って、極端に言えば性器さえ見えなければいいだろうといった格好になってしまった。密着型ブルマーが産む性としてではなく、セックスのシンボルとなったのは必然の成り行きというものである。ちょうちんブルマーにまつわる感覚が「格好悪さ」だったのに対して、密着型ブルマーが「恥ずかしさ」であるのは、こうしたシンボリックな意味の変化に伴う現象だったと考えられる。ただし、それは一九九〇年代の半ばにいたるまではあくまで潜在的な領域にあった。

それが一九九〇年代の初めごろから、写真投稿雑誌の登場やブルセラショップなどのマーケットが拡大するにつれて、女子中・高生のブルマー姿が性風俗産業に取り込まれていった。それまで潜在的な領域にあったものが、学校の塀を超えて、世間の目にいやでもふれるようになった。そのことによってブルマーがセックスのシンボルになっていたことが明るみに出てしまった。こうしたことから、密着型ブルマーに対する性的まなざしがあたかも九〇年代からにわかに向けられるようになったかのように感じられたのだろう。

とはいえ、ブルマーの大量盗難事件が発生したり、女子中・高生が性風俗産業に取り込まれたりするような事態はたしかに問題である。しかし、この時点ではまだ教育界や個々の学校は女子生徒を悪徳性風俗業界から守ったり、そのような業界と関わりをもたないように生徒たちを指導したりといった教育者としての立場を維持することができた。学校が生徒に対して教育者としての立場を維持できるかぎり、これまでの体制をあえて変更する必要はない。つまり、性的まなざしの対象になったとか、そのことが明るみに出たというだけでは、学校が密着型ブルマーを廃止する理由にはならない、もしくは廃止の理由としては弱いのだ。密着型ブルマーが消滅に向かって加速するためには、何か別の要素がアクセルを踏む必要があった。その要素とは、セクシュアル・ハラスメント（以下、セクハラと略記）概念が日本社会に急速に浸透したことだった。

2　セクハラ概念の浸透

セクハラが日本社会に浸透し始めたのは一九八九年のことである。言葉自体はそれ以前にも使われていたが、福岡の出版社に勤める女子編集員が上司のセクハラを理由に民事裁判を起こしたことで広く注目されるようになった。この裁判には女性を中心とする全国的な支援の会が結成され、マスコミも進んで報道するなどして、「セクハラ」は八九年の流行語大賞にも選ばれている。

セクハラは単なる流行語にとどまらず、その後、一九九二年には先の事件の裁判が原告の全面勝訴となり、九四年には女子学生の就職面接で異性との付き合いや性的な質問を繰り返すことなどがセクハラとして問題視された。九六年にはアメリカ三菱自動車セクハラ訴訟が巨額の賠償請求事件として話題になるなどして、セクハラは日本のどの企業・組織でも他人事ではなくなった。

シンガポール日本人学校のブルマー強制問題

そうした時代の流れのなかにあって、密着型ブルマーの強制もまたセクハラではないのかという議論が出てきた。発端は一九九三年十一月二十二日付の「朝日新聞」が「ブルマーの統一　くすぶる不満」としてシンガポール日本人学校中学部のブルマー統一問題を取り上げたことだった。(2) 記事を要約すれば、問題の経緯はおおよそ次のような内容である。

同校での体育の授業での服装は原則として生徒の自由に任されていたのを、一九九一年に新任の保健体育教師が「日本の中学で採用しているブルマーのほうが動きやすいので、これに統一したい」と提案し、ブルマー以外の生徒も徐々にブルマーを着用するようになった。九三年四月の段階ではブルマー以外の生徒はクラスで二、三人程度にまで減少した。さらに徹底しようとブルマー以外の着用を規則違反としたことで反発が起きたという。ブルマーをはかない代表的な理由は「太ものの上部まで見え、校外マラソンの際、通行人にじっと見られる」というもので、六月の体育祭に向けた予行演習では、二年生のあるクラスの女子生徒全員がショートパンツで参加したり、署名活動をしたりして抵抗したが、認められず、結局生徒たちの抗議の声は抑え込まれた。

学校側の主張は、ブルマーのほうが機能的だという点に加えて、「何でも地域住民の流儀に従うのが国際化ではない。体育大会では行進など純日本的なやり方で行い、保護者の支持を得ている」（校長）と日本的であることの美徳を強調している。結局、秋には全員がブルマーになったが、生徒が納得しているわけではないと記事は締めくくっている。

ブルマーの強制はセクハラか

この記事を受けて、精神科医で、のちに民主党の衆議院議員にもなる水島広子が数日後の投書で、日本人学校の姿勢を次のように批判した。

「女子生徒の身体の一部を強制的に露出させる事柄である以上、問題は明らかなセクハラである。（略）ましてや海外、生徒自身への配慮はもちろん、こうした地域文化への理解は、海外日本人学校として当然ではないのか。「何でも地域住民の流儀に従うのが国際化ではない」と校長は述べたと言うが、戦前の植民地教育が、どのような思想の下に行われたのか思い出していただきたい(3)」

水島の批判は、女子生徒に対してはセクハラ、地域住民に対しては戦前と同じ侵略者的態度だと主張するもので、痛烈このうえない。

この二方面からの批判に対応するかのように、「朝日新聞」はその数日後、女子中学生と三十一歳の牧師の意見を「声」欄に掲載している。前者は「私たち大部分の生徒は、ブルマーを嫌がっていると思います。下着と同じかたちで、ボディーラインがはっきりと出るうえ、足の付け根まで見えてしまうのですから(4)」という意見であり、後者は「学校周辺がイスラム文化の人びとの居住地であれば、肌の露出によるランニングは、現地の人の価値観を無視し、見下した行為と見なされ、その土地の公序良俗に反する(5)」というものである。

この記事以降、ほかの新聞社もブルマーに関する保護者の声や学校の姿勢、メーカーの状況などを折に触れて伝え始め、ブルマーの強要がいつセクハラとして訴えられてもおかしくない雰囲気を作り出していった。再び「朝日新聞」だが、「私たちは、履きたくないブルマーを履かされています。これは、人権侵害ではないでしょうか。昨年〔一九九四年：引用者注〕十一月、宇都宮地裁。作新学院中等部三年の女子生徒が、社会科の授業で刑事裁判を傍聴後、こう質問して裁判官を驚かせた(6)」という記事が掲載された。内容は些細なことだが、ブルマーの強制がすでに生徒の間では人権侵害と結び付いた問題であると受け止められていたことがうかがえるし、場所が裁判所で、質問の相手が裁判官であってみれば、このまま強制を続ければ、いつかは学校の責任者が法廷の被告席に立つ日を想像するのはそう難しいことではなかっただろう。

セクハラ概念が日本社会で一般化し、ブルマーの強制もまたセクハラではないかという疑念が生まれ始めたことの意味は大きい。ブルマーとセクハラとが結び付く以前は、ブルセラショップで女子生徒が自分のブルマーを小遣い稼ぎに売ったとしても、学校はあくまで悪徳性風俗業者から女子生徒を守る立場でいることができた。しかし、いったんブルマーとセクハラとが結び付いてからは、ブルマーをはく女子が性的まなざしの対象になっていることや、女子生徒が羞恥と苦痛を訴えているのを知りながらなお女子生徒にブルマーを強要するなら、その強要は学校が女子生徒を相手にセクハラの加害者になることを意味している。

発端はシンガポール日本人学校でのことだったが、ブルマーの強制がセクハラ概念と結び付くことによって、「体操服は学校の裁量」といってすむ問題ではなくなった。裁量は乱用かもしれず、強制は組織的なセクハラ行為かもしれないのだ。ブルマーの強制とセクハラとが結び付けられた以上、生徒や保護者から抗議の声が上がったり、ブルマー廃止への要望が出されたりしたなら、学校はもはやこれまでのように無視を決め込むことはできなくなった。長い間、無視されたり抑圧されてきた反ブルマーの声は、セクハラ概念の浸透によってようやく学校にも届くようになったといえる。

3　代替物の発見

では、密着型ブルマーをやめるとして、そのあと何を代わりにはけばいいのか。もちろんジャージの上下なら問題はないが、夏場にジャージでは暑すぎるし、衛生上も問題である。その課題に応える代替物が登場しなければ、密着型ブルマーを廃止することは難しい。密着型ブルマーの強制がセクハラだといわれても、もはやちょうちんブルマーに後戻りすることはできない。いったん捨てられた過去へ後戻りすることは、密着型ブルマーを強制してきた三十年間をみずから否定することになりかねないからだ。したがって、もしブルマーをやめるとしたら、ブルマーにかわるパンツはこれまでにない新しいものへの変化＝進化でなくてはならない。

図24のようなものはどうだろうか。これはオリンピック東京大会のすぐあとに、もはやちょうちんブルマーの時代ではないと感じたメーカーが考案し、『創立十周年記念誌』（一九六五年）に掲載したスポーツウェアの広告である。「ブルマに変る体育パンツ　実用新案申請中」と銘打ったこの製品は、やや薄手の生地をショートパンツ型に縫製してあるのだが、ショートパンツそのものでは動きづらい。そこで裾に切れ目を入れて自由度を高める工夫をしている。ところが女子の場合、それでは奥にまで視線が届きやすくていけない。その視線対策がこの製品のセールスポイントで、切れ目が入った裾の内側にちょうちんブルマーの裾に相当するものを縫い付けて、外からの視線をさ

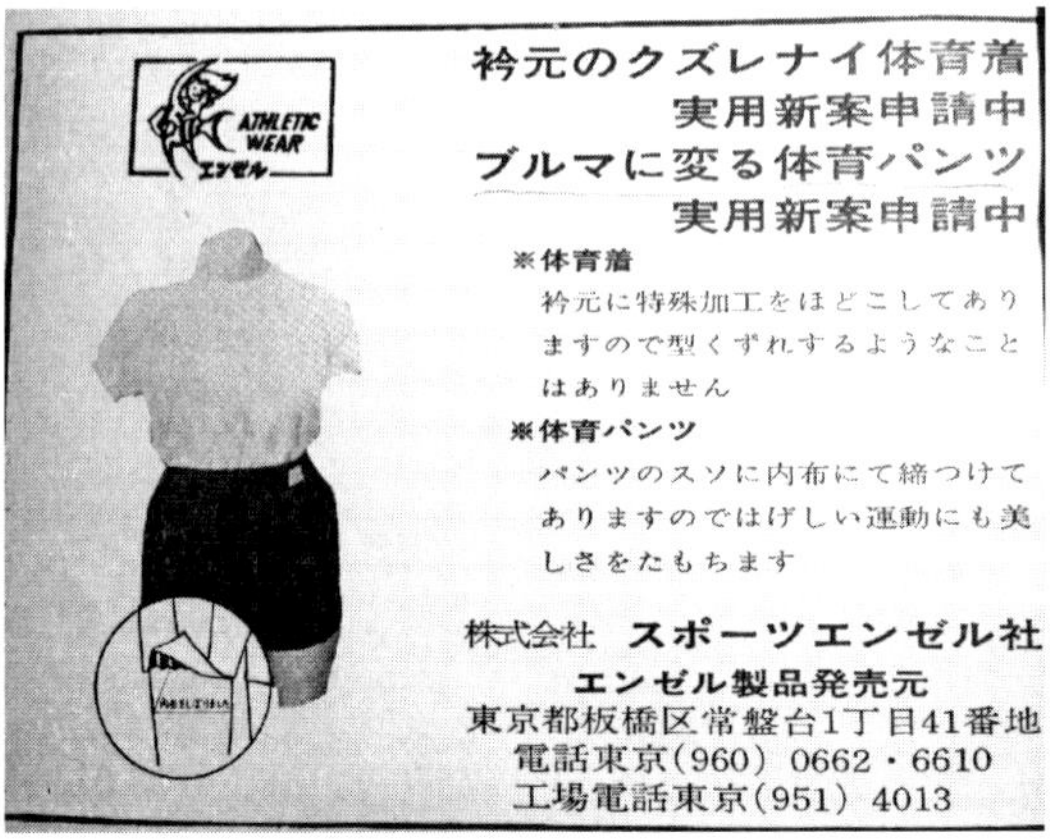

図24　新しい体育パンツの工夫
(出典：前掲『創立十周年記念誌』80ページ)

えぎる仕組みになっている。広告に謳う「パンツのスソに内布にて締つけてありますのではげしい運動にも美しさをたもちます」とはその意味である。機能的にはちょうちんブルマーと同じだが、一見ショートパンツ風であるところがミソである。

苦心の作だが、残念ながらこの製品が学校の女子体操服として普及することはなかった。ちょうちんブルマーの後継ウェアとして、密着型ブルマーの対抗馬にはなれなかったわけだが、その密着型ブルマーがもはや風前の灯火という一九九〇年代、三十年の時を経て、この製品が日の目を見るチャンスがようやくめぐってきたか。しかし、めぐり合わせとは非情なもので、このときすでに密着型ブルマーに取って代わることになるものが世界のスポーツ界で広まりつつあった。

密着型ブルマーに取って代わったのは、ジャージ系のハーフパンツあるいはクォータパンツだった。[7]だが、なぜこのようなある意味中途半端なパンツが代替品になりえたのだろうか。そもそも一九九〇年代前半になるまでこのようなパンツが密着型ブルマーの代替物になりうるとは誰も考えてはいなかった。技術的な問題ではない。膝にかかるかどうかというほど長く、ゆったりした形のパンツを運動と結び付ける発想そのものがなかったのだ。当時の一般的な発想としては、裾が長く大きすぎるパンツはただ動きにくいだけでなく、見苦しく、道徳的にもだらしないものだった。

それまで身体の動きを容易にするための手段といえば、ショートパンツの裾を極力短くすることであり、そうすることで動きやすさとスマートさを両立させようとしてきたのだから、裾が長く大きすぎるパンツに対する否定的な印象は当然のことだった。図25の写真は一九八六―八七年シーズンのサッカー高校選手権大会の様子だが、腰にぴったりと張り付いたトランクスをはいている。スポーツに適した服装とはそういうものと当たり前のように考えられていたのだ[8]。そして、その傾向はその後も長く続く。それがある時期を境に劇的に変化していくことになる。

図25　1988―89年シーズンのサッカー高校選手権大会
(出典：ベースボールマガジン社編『サッカー』〔「激動の昭和スポーツ史」第9巻〕、ベースボールマガジン社、1989年、177ページ)

NBAファッション

ピンポイントで時期を示すのは難しいが、おそらく一九九三年から九四年にかけてのことだっただろう。アメリカのバスケットボールリーグNBAの選手たちがダボッとした裾が長いパンツとシャツを着てプレーをし始めたことが変化のきっかけだったと想像する。なぜかといえ

図26　シカゴ・ブルズのユニフォーム（1995―98年ごろ）
右からマイケル・ジョーダン、スコッティ・ピッペン、デニス・ロドマン。この3人がそろってシカゴ・ブルズに在籍していたのは1995―96年シーズンから97―98年シーズンまでの3シーズンだけであることから、この写真がそのいずれかのシーズン中のものであることがわかる
（出典：NBA写真〔http://image.search.yahoo.co.jp/search?rkf=2&ei=UTF-8&p=1&p=NBA〕［2015年11月23日アクセス］）

ば、筆者は九四年から九五年にかけての一年間、アメリカに滞在し、テレビでＮＢＡの試合を見て驚いたのを覚えているからだ。

当時、主に見ていたのはシカゴ・ブルズの試合だったが、長身の選手たちがそろいもそろってだぼだぼで膝にかかるくらいの長さのパンツをはいてプレーをしている（図26）。なんてみっともない格好だろうというのがこのときの率直な感想だった。腰に張り付いた短いパンツを見慣れた目からすれば、だぼだぼのパンツは単にだらしない服装以外の何物でもなかった。(9)

念のためにＮＢＡオールスターゲームの特集ビデオを見返してみると、一九九〇年には股下数センチのまだかなり短いパンツでのプレーだ。それが九一年にはそれより一センチか二センチ長くなっているように見える。九二年はオリンピック・バルセロナ大会でＮＢＡがドリームチームを組んで出場したときで、マジック・ジョンソンやマイケル・ジョーダンを始めとするプレーヤーは前年よりはやや長めとはいえ、みんなまだかなり短めの短パンである。股下十センチ程度だろうか。九三年は確認できなかった。そしてテレビで実際に見た九四年である。少なくともこの二年の間に裾は十センチ以上伸び、形もだぼだぼになった。

数年ほど前まではカッコ悪く、だらしなく思えただぼだぼパンツは、いまや世界のスーパースターのシンボルである。何がカッコいいといって、世界のスーパースターが身に着けているものが世界でいちばんカッコいいのであり、だぼだぼパンツは運動に向いていないなどという俗流機能説もこの人たちが世界最強だという事実の前に吹っ飛んでしまった。

バスケットのユニフォームや靴の流行の移り変わりは激しい。NBAファッションはすぐに世界中のバスケットチームに波及し、当然日本にも到来しただろうが、その流行を一般の人が目にする機会は多くなかった。日本でこのだぼだぼパンツをメジャーにしたのは、一九九三年に発足したサッカーJリーグだろう。発足当初は形こそゆったりしているものの、裾はそれほど長くはなく、多くの選手はトランクスの下に太ももにかかる程度の長さのサポーターを着けてプレーをしていた。その後、トランクスの丈は急速に長くなり、九六年の写真を見ると裾は膝のすぐ上のところまで伸びてきている。ちなみに、九五年に開催されたユニバーシアード福岡大会のサッカー選手を見ると、大学生たちはすでに現在とほとんど変わらない形のだぼだぼパンツでプレーをしている。[10] NBAファッションはアメリカからほんの一、二年ほどで日本のスポーツ界にまで到達していたことになる。

さて、学校である。学校は組織的セクハラではないかという批判を受けて、密着型ブルマーに代わる体操着を探していたし、そのことはメーカーにとってもビジネスチャンスだった。だが、先の製品広告が示しているように、自前で学校の女子体育着の進化形を作り出すのは、学校にとってもメーカーにとっても容易なことではなかった。まず、学校の体操着に動きやすさという機能的要件ははずせない。これまでパンツの動きやすさは裾を短くすることで確保されてきた。しかし、それでは窮屈だから、ゆったりと幅をもたせようとすると裾の奥まで視線が届いてしまうという問題が発生する。そうしたデザイン上の壁に直面していたときに、ＮＢＡファッションはスポーツウェアの固定観念を根底から覆したといえる。

考えてみれば、汗をかいても肌にまとわりつかないポリエステル素材はすでにジャージで使われていたし、製造技術もある。そのジャージを膝上までの長さにして、幅をゆったりめにすれば、動きやすさも損なわれないし、股の付け根まで人目にさらさなくてもすむ。お尻の形が丸わかりになることもない。しかも、プロのスポーツ選手が身に着けているものとは素材も形も多少違うとはいえ、スポーツファッションの最先端である。要するに、代替物を見つけ出せるかどうかは体操着のデザインに関する固定観念を取り払うことができるかどうかにかかっていたわけだ。

こうして学校での女子体操着はようやくジャージ素材のハーフパンツへと移行していき、密着型ブルマーはスカートの下の二枚ばき用に利用される以外、学校の体操着としてはほとんど見られなくなった。それにしても三十年は長い。よくもこれほどの長い間、ブルマーは学校女子体操服としての王道を歩んでこられたものだ。最後の章では、教育界の密着型ブルマーに対する三十年間の執着について考えてみたい。

注

(1)「朝日新聞」の一九九三年九月九日付(西部版)は佐賀県鹿島市で起きた体操着窃盗事件を報じている。被害は「レオタードのほか、水着、ブルマーなど、わかっただけでも百五十着を越える」といい、容疑者は「盗んだ体操着などは、マニア向けの雑誌に売るつもりだった」という供述を伝えている。また大量盗難と盗品マーケットの存在との関係については、河合幹雄『安全神話崩壊のパラドックス――治安の社会学』(岩波書店、二〇〇四年)に教わった。

(2)シンガポール日本人学校の記事以前にも、一九九二年に愛知県の稲沢東高校で生徒会がブルマーの強制着用に異議申し立てをした出来事が報道されている。

(3)「オピニオン」「朝日新聞」一九九三年十一月二十六日付

(4)「オピニオン」「朝日新聞」一九九三年十一月二十八日付

(5)「オピニオン」「朝日新聞」一九九三年十二月四日付

(6)「朝日新聞」一九九五年十月二十九日付

(7)ただし、ジャージズボンを途中で切ったようなハーフパンツは、当初やはり違和感をぬぐえなかった。そのように感じた人が多かったのか、各メーカーが工夫をすることで形も素材も徐々に洗練されたものになっていった。

(8)この写真の出典であるベースボールマガジン社編『サッカー』(「激動の昭和スポーツ史」第九巻)、ベースボールマガジン社、一九八九年)を見ると、戦前のサッカー選手たちはたいてい膝まであるような長いトランクスをはいている。スポーツの服装はいつの時代でも流行に左右されやすいものであり、競技にふさわしい格好は運動機能の観点からおのずと決まってくるなどという説明は、多くの場合こじつけにすぎない。

（9）コミック『SLAM DUNK』第二十七巻（〔ジャンプ・コミックス〕、集英社、一九九六年）のカバー裏で、作者の井上雄彦が次のように書いているのも同じ感覚だったろう。

「NBAでは今、ユニホームを新しくするチームが多い。弱いチームはそうすることで、今までに染みついた弱小イメージを一新する意味があるけど、強いチームやチャンピオンチームまでが、わざわざ品のない新ユニホームをつくるのは、どうもいやだなあ」（傍点は引用者）

（10）Photo Kishimoto『第十八回ユニバーシアード競技大会一九九五福岡・公式写真集』フーディアム・コミュニケーション、一九九五年

第8章　ブルマーの時代

1　三十年間への疑問

　ここまでブルマーの浸透と消滅を検証してきたが、最後にもう一つ考えておきたいことがある。それは、時々に不満の声や批判が寄せられながらも、学校はなぜ三十年もの間ブルマーに固執し続けてきたのか、またどうしてそのようなことが可能だったのかという点についてである。

　考えられる推論の一つは、単純に第7章で見た「消滅にいたる条件」が整っていなかったからというものである。すなわち、ブルマーが性風俗産業に取り込まれていったこと、ブルマーの強要が組織的なセクハラではないかと疑われだしたこと、代替物の登場、こうしたブルマーを取り巻く環境の変化がそれまでにはなかった、だから不満や批判があっても、個別の事柄として処理され、組織としてはとくに変更を迫られることがなかったのだ、と。そういうことも十分にありうることは先に見たとおりである。この推論は学校がただ消極的に状況を受け入れていたことを前提にしている。

推論の第二は、そもそも学校は主に校内でだけ着用される体操着などにはほとんど関心がなく、いってみればどうでもいい問題だったからというものだ。そのことは、学校体育を扱う書籍のすべてが驚くほど体操着に無関心だったことにも示されている。どうでもいいものに対してエネルギーをかけて変更するのは面倒である。ずるずると現状を続けているうちに三十年が経過してしまった。こうしたこともまた十分にありうることだ。

とはいえ、密着型ブルマーの導入時の無頓着さと、消滅時に学校が示した抵抗の大きさはあまりにもバランスを欠いていないか。固執ともいえるほど学校は密着型ブルマーの廃止に後ろ向きだった。それまでも時々に出ていた女子生徒の不満の声は無視され、ブルマーをはく少女に性的まなざしが向けられているとわかっていても学校は具体的に対処しようとはしなかった。生徒会がブルマーの上にジャージをはくと決めて実行しようとしたときでさえ、頑として同意せず、ブルマーの強制が学校による集団的セクハラではないかと示唆されるにいたって、しぶしぶ重い腰を上げたという印象が強い。

体育の時間に何をはくかなどということには基本的に無関心な学校が、このように抵抗を示す背景にはなにかしらの理由があるのではないか。その理由は会議で議論されたとか、校長が指示をしたというようなものではなく、「心情的なもの」かもしれない。もし、こうした抵抗を背後で支える「心情」があるとしたら、その「心情」とはいったいどのようなものだったのだろうか。最終章ではこの点に焦点を当てたい。考える手がかりとして、もう一度シンガポール日本人学校でのブルマー統一問題を取り上げよう。

2　シンガポール日本人学校のブルマー強制問題再考

シンガポールへ

記事が掲載されてから八年あまりたった二〇〇二年三月、当時の騒動の様子やその後の展開などを確かめるため、筆者は記事のコピーをもってシンガポール日本人学校を訪れた。学校は市の中心部から車で十五分ほどのところにあった。あたり一帯は閑静な住宅地で、どの家もかなり広い敷地の一戸建てである。街路は木々に包まれていて、一見して富裕層中心のエリアであることがわかる。

事情を説明し、校長室で記事のコピーを見てもらうと、とにかく初めて見る記事であるし、話も聞いたことがないので、こういうことがあったとは驚きだという。シンガポール日本人学校の教師の派遣期間は三年で、校長も同じである。ほとんど引き継ぎもないまま交代するので、問題はどんどん蓄積していく一方なのだそうだ。知らなくても当然というべきか。ただ、在任期間に関しては三年ごとに逆算すればよく、一九九三年なら記事に出てくる校長は着任二年目のはずだと教えてくれた。加えて、書棚に並んでいた歴代の卒業アルバムを見せてもらえたのはありがたかった。

卒業アルバムからわかること

シンガポール日本人学校は日本の学校と同じように毎年同じ時期、多くは六月に体育祭を開催している。卒業アルバムでその様子を見れば、各年度でどのくらいの生徒がブルマーをはいているのかがわかるはずである。結果は以下のとおりである。ただし、アルバムの年号は卒業年。学年暦は日本と同じく四月に始まり三月に終わるから、アルバムに掲載されている体育祭の写真はアルバム年号の前年の様子を写したものである。

一九八六―九三年アルバム：一九八五年から九二年におこなわれた体育祭の写真に写っているすべての女子がブルマーで、ブルマー以外のものをはいている女子生徒は確認できない。

一九九四年アルバム：一九九三年六月の体育祭ではブルマーとショートパンツ（黒色または紺色）が半々くらい。

一九九五年アルバム：一九九四年六月の体育祭ではほとんどの女子生徒がショートパンツをはいている。ブルマーは見られない。

一九九六年アルバム：一九九五年六月の体育祭ではショートパンツのなかにハーフパンツの女子生徒も何割か見られる。ほとんどは黒か紺色だが、白っぽい色のハーフパンツの女子生徒もいる。ブルマーはまったく見られない。

この結果を見ると、一九九二年六月まではほぼ全員が密着型ブルマーで、記事がいうように、ごく少数のショートパンツ派が含まれているとしても写真で確認することはできない。そのくらいショートパンツが少数派だったということである。問題の九三年六月の体育祭ではブルマーとショートパンツがおおよそ半々である。しかも、ショートパンツの色はほとんどが黒か紺で、日本で定番の白色は見られないから、現地で調達したものだろう。色が同系色であるせいか、異質なものが交じっているという違和感はまったくない。

記事では、体育祭後の七月に文書でブルマーに統一する旨を通知。その後、学校側と生徒側とでやりとりがあり、秋には全員がブルマーに替わったとある。ところが、翌九四年六月の体育祭の写真ではブルマーをはいている生徒を一人も確認することができない。どういうことだろうか。ブルマーへの統一を主導した教師は九一年の着任だから九四年三月に離任しているはずである。生徒や保護者の反対を押し切ってようやくブルマーに統一したにもかかわらず、この教師がいなくなった途端、ブルマーは一斉に姿を消してしまったわけだ。

学校側としてもブルマーに固執する意思がないことは明らかである。主導的役割を果たした教師が離任してから、校長はさらにもう一年在任しているはずだから、九三年に記者に問われてブルマー統一を支持する発言をしたにしても、思いがけず日本で問題視された事柄をそのまま放置するわけにもいかなかったのだろう。すぐに方針は改められ、下にはくものは自由とするもとのやり方に戻された。九四年度にはほぼ全員が黒か紺のショートパンツをはいていて、翌九五年にはショートパンツ派にハーフパンツ派も交じって、さらに白色が加わった。

統一への情熱

シンガポールからの帰国後、幸運なことに、一九九三年四月に同校に派遣されたという体育教師に話を聞くことができた。ちょうど騒動が起きたときのことである。その人の話をもとに少し補足しておこう。

もともとシンガポール日本人学校に制服はなく、体育の時間も上は白のシャツに学年ごとに異なる色のマークを付けることだけが決まっていて、下は自由だった。シンガポールの気候を考慮すれば、長ズボンは暑いうえに動きにくいから、女子はおのずとショートパンツか、もっとゆったりとしたキュロット型のスカート、あるいは日本で使っていたブルマーといった選択肢になる。なかにはブルマーの上にキュロットをはいているような生徒もいたという。

一九九一年にブルマー統一を主導した体育教師が着任したときには、ほとんどの女子生徒がブルマーを着用していた。アルバムを見ると、それ以前も同じである。在外日本人学校の事情を解説する本(1)にも入学予定者が用意するものの一覧にブルマーをあげているが、要するに日本で使っているものをそのまま使えばよく、特別なものを新たに用意する必要はないということである。

記事には書かれていないが、さらに重要なことがある。「新任の保健体育教師」がブルマーへの統一を提案したとあるから、てっきり男性教師かと思っていたら、これを提案して主導した体育教師は女性だったという。批判的意見を新聞に投書した水島広子も自身のブルマー体験を振り返って、「男性教師の目の保養のための校則ではないかと勘ぐりたくもなった」と暗にシンガポール日本人学校の場合も主導的教師が男性であることを前提に批判しているのだが、これはセクハラ＝男性加害者という図式に則った思い込みである。

さてその女性教師、ブルマーに統一しようとはしたが、シンガポールにブルマーを売っているところはなく、現地の伊勢丹に発注して取り寄せたという。一着五ドル程度だった。現地にないものをわざわざ日系百貨店を通して日本から取寄せてまで女子中学生にはかせようというのだから、この女性教師の意気込みは相当なものである。いったいこの情熱はどこからきているのだろうか。

日本らしさ

在外日本人学校に派遣された教育者としての強い使命感がその根底にあったのはまずまちがいない。在外日本人学校には、現地の文化を肌で知ることの重要さ（＝国際化）と同時に、生徒たちが日本文化を日々忘れずに身に刻んでおくことも期待されている。記事で、校長が体育教師の方針を弁護して日本らしさを強調しているのも、そうした期待を背景にしている。体育祭で「行進も純日本的にやっている」ことの連続線上にブルマーを置いていることから察すれば、校長もまたブルマーにある種の「日本らしさ」を見いだしていて、その「日本らしさ」の一点で女性教師と校長はいっときの間、感覚を共有していたと思われる。

ここでもう一度流れをおさらいすれば、一九九一年・九二年の体育祭（六月）ではブルマー以外の生徒はアルバムでは確認できないほどの少数派だった。それが九三年の体育祭ではブルマーをはいている生徒は約半数にまで減少している。そして九四年の体育祭では、ブルマー着用者はまったたく見られない。少なくとも、体育祭の様子を見るかぎり、ブルマーは九二年からの二年間で一直線に消滅へと向かっていったことがわかる。

一方、記事からブルマーの動向に関する記述を拾い出してみると、まず一九九一年に着任した女性体育教師が「ブルマー、ショートパンツ、キュロットなどの混在で行われて」いることに違和感を覚えて、ブルマーに統一したいと提案した。記事はそこから二年後に飛び、九三年四月には「ショートパンツ組は一クラス二、三人程度にまで減少」。さらに徹底しようと「ショートパンツ姿の女生徒を「規則違反」としたことから反発」が起き、体育祭の予行演習では「二年生のあるクラスの女生徒が申し合わせ、全員がショートパンツ姿で参加」。七月上旬に「学校は「女子はブルマー」（略）と指定した文書を配った」。「女生徒の側は、二年生の女生徒約百二十人のうち百六人の署名を集め、学校側と話し合いをしたが結論は変わらず、九月、十月にはショートパンツ組の生徒たちもブルマーに変わっていった」

各年の体育祭の様子と記事とを対比させると次のような様子が浮かんでくる。ブルマー統一への反発は一九九三年度の二年生女子が主体である。特定の学年に限定されているのは、当の体育教師の受け持ちがその学年だったからだと想像できる。九三年の体育祭でブルマーとショートパンツがおよそ半々だったことを考えると、この教師のブルマー統一への指導は受け持ちのクラスないしは学年に限られ、その影響力は学校全体に及ぶものではなかっただろう。七月に配布された文書は、ブルマー着用を学校の公式の規則にする意味合いをもっており、夏休み中に準備をして、九月からはブルマー着用で授業を受けるようにとの趣旨である。その結果、少なくとも二年生のクラスではほぼ全員のブルマー化に成功した。しかし、翌年三月にこの教師が離任すると、状況は一斉に脱ブルマーへと向かっていった。七月の文書によって規則化されたブルマー統一は、結局、校風として定着することもなければ、規則として継続されることもなかった。脱ブルマーの動きは一教師の抵抗では押しとどめることができないほど大きな潮流として、シンガポール日本人学校に押し寄せてきていたのである。

ともあれ、従来の方針からすれば、体育の時間に何をはくかなどということは生徒の自由に任せておけばいいはずのことであり、また仮にこの時点で統一を考えるなら、ショートパンツへの統一でもよかったはずだ。脱ブルマーへの動きがもはや押しとどめることが困難なほど大きな流れであるとしたら、むしろショートパンツへの統一のほうが自然だし、そのほうが現地調達もできて都合がいい。ここでいう日本らしさが「統一の美」だとしたら、ショートパンツでも容易に実現できたはずなのだ。

しかし、使命感に燃えた女性体育教師にとって、統一はあくまでブルマーへの統一でなければならず、この教師の目にはブルマー退潮傾向はこのまま成り行きに任せていてはいけない事態だと映ったようなのだ。ブルマーが担ってきた「日本らしさ」はそう簡単に捨ててしまっていいものではない。ブルマー統一への情熱はこうした危機感の表れだったと思われる。しかも、この教師がたまたま特別な感性の持ち主だったからというわけではなさそうである。

それまで主流だったブルマーが、短期間のうちにさみだれ式にショートパンツに取って代わられていく光景を、授業の責任者として目の当たりにして衝撃を受けた体育教師は、日本の学校を含めてもおそらくこの人を含めて数人以外にはほとんどいなかったのではないかと思われる。というのも、日本の学校で同じような現象が現れるとしたら、ブルマーからほかのものへと変更する場合の過渡的な現象としてだろうが、その変更自体は学校が決定したことであるし、さみだれ式の移行現象も学校が作り出したものだからである。この体育教師のように学校の意向でも、教師の意向でもないのにみるみるうちにブルマーが消えていくということにはならないのだ。密着型ブルマーの廃止に消極的な日本の学校関係者がもし同じような状況に置かれたなら、やはり同じように何らかの強硬手段に訴えてでもブルマーの消滅に歯止めをかけたのではないだろうか。

そう考えると、シンガポール日本人学校の体育教師の感性や危機感は特別なことではなく、ブルマーの消滅に後ろ向きな姿勢を続ける日本の学校教師が多かれ少なかれもっていた心情を代表していたにすぎないのではないだろうか。問題はこの女性教師がいだいた危機感の正体、言い換えれば密着型ブルマーが象徴する「日本らしさ」とはいったいなんだったのかという点である。

日本的女らしさ

シンガポール日本人学校の校長がいう日本らしさが「統一」だけでは説明できないとしたら、この日本らしさが表しているものは、対象の生徒が女子だということと無関係には考えられないだろう。とすれば、ここでいう日本らしさとは「日本的女らしさ」のことだったのではないかと推測できる。つまり、日本人学校の校長や体育教師が覚えた危機感とは、日本的女らしさが消えていくことへの危機感、あるいは日本的女らしさのシンボルとしてのブルマーが消えていくことへの困惑だった可能性がある。

仮にそのような推測が許されるとして、ではどうして密着型ブルマーと日本的女らしさが結び付くのだろうか。あるいはなぜ密着型ブルマーが日本的女らしさのシンボルになりうるのだろうか。この点を考えることが、密着型ブルマーが三十年間にわたって学校体育の現場に君臨し続けたことの意味や消滅時に学校が示した抵抗を理解することにつながるだろう。そのためには再び敗戦後の日本の状況を見なければならない。ただし、今度はスポーツではなく、男女平等と女子の性と身体をめぐる戦前回帰派と戦後民主主義派との軋轢についてだ。

3　純潔教育の心情

純潔教育の出現

戦後の新しい日本国憲法が一九四六年十一月に公布され、翌年五月に施行された。その序文には個人の尊重と男女平等がはっきりと謳われ（第十三条　すべて国民は、個人として尊重される。生命、自由及び幸福の追求に対する国民の権利〔略〕。第十四条　すべて国民は、法の下に平等であって、〔略〕性別〔略〕により、政治的、経済的又は社会的関係において、差別されない）、また婚姻に関しても個人の意思に基づくことが明記された（第二十四条　婚姻は、両性の合意のみに基いて成立し〔略〕）。いまでこそ当たり前のこうした発想も、戦後すぐの若者たちの体たらくを目の当たりにした戦前派にとってはさぞかしいまいましいものだったにちがいない。なぜなら、男女平等と個人主義とが相まって、性の個人主義ともいうべき状況が出現し、戦前派から見れば性の頽廃、道徳の崩壊ともいえる事態が出現してきたからだ。

もちろんGHQもこうした状況を放置していたわけではない。戦後日本社会で男女交際に関する新しいルール作りと性道徳の再構築、要するに性の民主化は急務だと認識していたのはまちがいなく、文部省はそうしたGHQの意向を受けて、早速、具体策づくりにとりかかった。そうして出てきたのが純潔教育だった。純潔教育とは平たくいえば性教育であり、動植物の受精の仕組みなどを解説もするが、主眼は性道徳を子どもや青少年に説くことにあった。だが、この純潔教育は性の民主化と新しい性道徳のための教育を計りながらも、青少年の性的混乱の原因を性の個人主義のせいだとして、ややもすると戦前の家父長制的な性秩序への回帰をにおわせるものとなっている。いわば、純潔教育は性道徳に関する戦後民主主義派と戦前回帰派との主戦場でもあったわけだ。

純潔教育の消極性

純潔教育の発想が公式に打ち出されたのは、一九四六年十一月十四日の「私娼の取締並びに発生の防止及び保護対策」[2]という次官会議決定でである。この決定ではまだ純潔教育という言葉は使われていないが、斎藤光によれば、決定項目のうち「公娼廃止後の風俗対策」が赤線地区の設定となり、「「闇の女」の発生防止及び保護対策」の一部が純潔教育へとつながったという[3]。

たしかに「闇の女」対策の第三項には「子女の教育指導に依って正しい男女間の交際指導、性道徳の昂揚を図る為次のような措置を講ずること」とあり、これを受けて一九四七年六月に純潔教育委員会が設置され、議論が本格化する。そうして二年後の四九年一月二十八日付で「純潔教育基本要綱[4]」が発表された。しかし、その要綱はきわめて簡素なもので、ページ数にしてたったの三ページである。その内容も、「方法」については家族や教師や医師がそれとなく正しい方向へ導いてやる以上のことは書かれていない。「実施」についても人間は理性があり、道徳や思考力を備えているのだから動物とは違うということをやはりそれとなく教えなくてはいけない、さらに男女の交際は否定しないが、あくまで相互の人格を尊重し、「貞操は相手のためにのみ守るのではなく、自らの人格として必要」だ、と説く。そして最後に、性病は個人にとっても社会にとっても民族にとっても重大な不幸をもたらすと脅して、健全な娯楽と趣味に励むよう導きなさいと記して終わる。

内容が抽象的であることに加えて、どことなく腰が引けているように感じられるのは、「従来完全にタブーとされてきた内容をとりあげることは、まさに眠れる子を起こすようなもので、逆に性的無秩序に拍車をかける[5]」のではないかという危惧があったからだ。推進するほうがこの調子だから、基本要綱は作ったものの、純潔教育が家庭や学校でおこなわれることはほとんどなかったらしい。実際、あまりに有名無実化しているのを受けて、純潔教育の進め方についてようやく具体的な案を純潔教育分科審議会が示したのは、「基本要項」から六年後の一九五五年になってからだった。

敗戦後の心情

純潔教育が具体化もされないままぐずぐずと先延ばしにされたのは、要するに文部省＝日本政府にやる気がなかったからである。もとになった「私娼の取締並びに発生の防止及び保護対策」の草稿はＣＩＥとも協議したものだから、(6)「子女の教育指導に依って正しい男女間の交際指導、性道徳の昂揚を図る」の項目も戦後民主主義にふさわしい「性の個人主義」に向けて、必要十分な性知識と倫理観を修得させることを目指したものと推測できるが、日本政府の関心はそんなところにはなかった。

純潔教育分科審議会は純潔教育と並行して、一九五〇年に男女の交際と礼儀に関する草案を文部省に提出し、これに解説を付けたものを翌年一月に『文部省版 男女の交際と礼儀』として出版したのだが、出版に際して書かれた文章が当時の審議会や文部省の関心の所在と心情をよく表している。医学博士で審議会委員でもあった山本杉(7)が書いたもので、「男女交際と禮儀について」と題するその文章を山本はこう始める。

「男女の地位が対等になったばかりでなく、上下の身分的感情が作りあげていたあらゆる社会的制圧が急にとりのぞかれて、人と人との関係に個人の権威が要請され、それによってむきだされたぶ作法やはきちがえの自由がその権威の確立以前に社会をみだしてしまったこと、これに対して社会が人間的にも社会的にも何等の用意をもたず、基準になる道徳律をさえ見失ってしまったということが戦後の日本の社会をここまで道徳的混乱に追いこみ、性の頽廃に至らせたということはみのがすことのできない事実である(8)」

だからこそ男女間のエチケットが重要なのだと主張したあとに、さらにこう続ける。

「恋愛と性慾とを混同してしまうようなことがあったら、どのような結果があらわれるか。かつての大人の社会感情は、その道徳律のなかでこれを狂えるもの、異常なるものとしてとがめ、ほうむろうとした。このような社会と家庭のもった権威（？）はすでになくて、時代の感覚はこれを当然の自由だとしてみとめようとしている。（略）若い世代は社会的抑制をくつがえしてそれを自由の特徴だと呼び、人間の解放だと信じ、大人達の制禦に耳をかさないかまえを作ろうとしている」[9]

率直な物言いで若者の世相を嘆いているのだが、その背後にはやりきれない怒りが込められている。戦前日本の社会秩序は封建的だとかなんとか批判されるが、それはそれで機能もしていたし、美徳もあった。それが敗戦後、GHQの占領政策によってそれまで日本社会に根づいていた性道徳や社会秩序はむちゃくちゃにされてしまった。男女平等とか基本的人権だとかいって、いまや若者はやりたい放題、大人のいうことなんかに耳を貸そうともしなくなったというわけだ。

だからといって、新しい日本国憲法にも掲げられた男女平等や基本的人権を正面から否定することはできないのが苦しいところである。そこで苦しまぎれに使われだしたのが、常套句としての「行きすぎた男女平等」であり、「自由のはき違え」である。そうして目指すべきは「本当の意味での男女平等」であり、「正しい意味での自由」ということになるが、これが戦前の家父長制的な性道徳や道徳秩序へのノスタルジックな回帰願望であるのは隠しようがない。

地下水脈としての「婦徳派」

ここで注意しておきたいのは、「行きすぎた男女平等」論の視線は主に女子に向けられていたという点だ。つまり、敗戦後に男女平等によって大きく変わったのは女子の社会的地位や思考や行動であり、未婚の、かつ素人の女子が自分の意思で男子と交際できるようになったことが、若者の道徳的混乱の始まりだという認識である。

そこで男女交際に関しても、その意義を字面のうえでは認めながらも、礼儀として要請する事柄は自然と家父長制的な道徳秩序を連想させるものになる。すなわち、男子にはむやみに素人の女子に手を出すなということであり、女子には、事実上、親密な交際を自粛するよう求めたのだった。あるいはそもそも親密な間柄にいたらないように、交際を秘密にするな、刺激的な服装をするな、酒は飲むな、相手の体にむやみに触れるな、いやなことはいやと言えなどの指導であり、それぞれに関するきわめて具体的な指示だった。[10]

こうした家父長制的な性道徳への回帰願望は、戦後すぐの時期だけに限られたのではなかった。次に挙げる「女子教育のあり方について」は一九六六年に書かれたものである。栃木県の高等学校長はこのように書いている。

「〔新憲法や教育基本法の：引用者注〕条文を見て、（1）男女無差別、同質同量の教育をしなければならない、（2）男女共学にしなければならない。と早がてんしてしまった。その結果男子が進学するから女子もこれにならえ、共学だから女子も男子のカリキュラムにならえ、女子が男子に負けてなるものかと妙な方向に男女平等が発展してしまった。そしてけっきょくは女子が男子教育の犠牲となり、わが国古来の純風美俗として欧米人から羨望のまとにさえなっていた従順、貞淑といった日本女性のすばらしい婦徳の涵養などは戦前の遺物として顧みられようともしなくなってしまった[11]」

これなども学校教育版の「行きすぎた男女平等」論であり、女子の特性を無視した平等教育を進めた結果、その犠牲となった女子は「従順、貞淑といった日本女性のすばらしい婦徳」を失ってしまったというのである。オリンピック東京大会が終わって数年がたとうという時期に、文部省が発行する冊子にこうした内容を活字にし、なお教育関係者の賛同を得られると期待しえたのである。

このように見てくると「行きすぎた男女平等」論や「自由のはき違え」論がどれほど長く敗戦後の日本に生き続け、女子が親世代のコントロールの枠をはみ出していく事態を家父長制的心情をもった人々が苦々しく眺めていたかがわかる。こうした心情をもった人々をここでは「婦徳派」と呼ぶことにしよう。婦徳の喪失は戦前までの女性を美化する戦前回帰派には大きな失望をもたらしたが、そうした婦徳派的心情は戦後すぐの時期だけにあったのではない。その後、一九六〇年代にもかたちを変えて再び顕在化した。「女子学生亡国論」である。

4 「女子学生亡国論」の心情

「女子学生亡国論」の登場

「女子学生亡国論」は、「婦人公論」の一九六二年三月号に掲載された早稲田大学教授の暉峻康隆の「女子学生世にはばかる」[12]と、これを受けて四月号に掲載された慶應義塾大学教授の池田彌三郎の「大学女禍論」[13]が発端だといわれている。

ところが、「亡国論」などという字面の仰々しさとは裏腹に、この二つのエッセーの中身は実に他愛ないものだ。暉峻の「女子学生世にはばかる」はまず文学部に女子学生が集中している現状を紹介し、とくに英文・国文・心理では女子学生が過半数を占めているという。それがなぜ問題かといえば、一九五五年ごろまでの女子学生は「戦後の自覚女性のチャンピオンという明確な意識をもって進学してきたし、したがって入学試験のさいの面接でも、それぞれ目的を語り、社会人として働く決意をしめしたものであった(14)」。ところが最近は、「結婚のための教養組が、学科試験の成績がよいというだけで、どしどしと入学して過半数をしめ、その数だけ、職がなければ落伍者になるよりほかはない男子がはじき出されてしまう。(略)結婚のための教養というのならば、そういう目的にかなった女子大学が沢山あるのだから、なるべくそちらへいってもらいたい(15)」と苦言を呈する。そうはいうものの、大学出の教養ある母親が増えるなら日本文化のためにはプラスになるだろうから、まあ男女比率が半々くらいならよしとしよう。これが暉峻のエッセーのすべてである。

かたや池田の「大学女禍論」は、エッセーというよりもほとんどメモに近い。その論点は第一に、女子学生の親は教育に不熱心だから大学への寄付が少ない。第二に、女子学生の勉強は広く浅い傾向があるから学問の担い手としては期待できない。第三に、女子学生を四年間かけて面倒を見ても、結婚を終点と考えている者が多いため、女子一人が社会人一人の計算にならない。第四に、女子学生が他大学の卒業生と結婚すると相手の母校に寄付はするが、自分の母校には寄付をしない。同じ大学の卒業生同士が結婚しても寄付は一人前しかしないから、いずれにしろ女子学生に卒業後の寄附を期待することはできない。これだけである。

二人ともたしかに女子学生が増えたことの問題点を書き連ねているのだが、かといって学問の危機をまじめに訴えているわけではなく、また寄付金を当てにできないからといって大学経営をとくに心配しているわけでもない。まして、「亡国」を心配しているわけではなく、そのような言葉も使ってはいない。要するにどちらもぐち以上のものではないのだ。

ぐちから「亡国論」へ

にもかかわらず、このぐちに「女子学生亡国論」などと大げさな名前をつけて、週刊誌を始めとするマスメディアが書き立て、話題づくりをした。「男の城を喰う女子学生の氾濫——亡国論まで出るその華やかな周辺[16]」「女子学生は亡国か興国か[17]」「大学は花嫁学校か[18]」「女子学生亡国論の再検討[19]」「大学を花嫁道具にする女の恥知らず[20]」。加えて「毎日新聞」も「女子学生亡国論を考える[21]」という連載を二十四回にわたって掲載するといった具合である。

それ以前にも女子大学無用論は盛んに論じられていたが[22]、早稲田・慶應といった有名私立大学にも女子学生増加の波が押し寄せていることへの危機感（という名のぐち）が表明されると、たちまち「亡国論」となって、女子が高等教育機関へ進学すること全体が批判的なまなざしにさらされることになった。どうしてこのようなことになったのか。

この点に関して、小山静子は次のように推測する。「女子学生亡国論」が急激に世間の関心を集めるようになった一九六〇年代前半は、女子学生の割合が増加しつつある一方で、当時はまだ「女性が大学教育を受けることに対して社会に抵抗感があった[23]」。そしてその抵抗感の正体を次のように総括する。「恐らく、戦後、初めて本格的に大学に参入し、一九六〇年代になると存在感を示しはじめた女子学生こそが、この大学の変容を象徴するものとして認識されたからだろう。女子学生は大学という男性社会の異分子であり、それゆえ男性教員のいら立ちの種となったのであった。そしてそのいら立ちの背後には、何といっても、性別役割分業観が厳然として存在していた」[24]。小山は大学の変容に加えて、女子学生の増大を旧来の性別役割分業観への挑戦と受け止めた男性のいら立ちを指摘する[25]。

大学の変容はともかくとして、ここでの関心は性別役割分業観への挑戦が具体的にはどのような事態をさしているのかである。ポイントは、「亡国」という戯画的な表現からもわかるように、「女子学生亡国論」には女子の高等教育への進出傾向を揶揄する意味合いが多分に含まれている点にある。大学教授のぐちがメディアによって揶揄に転換されているのだ。男女平等や封建制からの脱却を目指す戦後民主主義のもとでは、女子が高等教育を受けることを正面から批判することははばかられる。かといって素直に認めたくもない。「女子学生亡国論」は現状を揶揄することしかできない旧世代大衆（＝婦徳派）の心情を代弁するものとして登場したといえるだろう。

婦徳派の心情的抵抗

では婦徳派たる旧世代大衆は、女子が高等教育を進んで受けるようになる状況の何に対していら立つのだろうか。おそらくは女子が男子の領域だった大学世界に進出し、理屈を学び、世界を知り、政治を語るようになることで、親世代の考えを時代遅れとして批判的にとらえるようになるばかりでなく、女性の四徳もまた封建的だとして否定する態度がはびこる事態に対してだろう。ちなみに「四徳とは、第一に婦徳で、女らしい挙措動作をさすが、第二は婦言、すなわちしとやかで慎み深い言葉遣い、第三は婦容、すなわち清楚な身だしなみ、第四は婦工、すなわち家政上の諸技術を身につけること」[26]とされる。一般には女性の四徳を総称して「婦徳」と呼ばれることも多い。

旧世代の間では婦徳は女子が大学に進学するとかしないとかを超えて、敗戦後も日本の女性が身に着けるべき「徳」だと、考え続けられてきたようなのだ。小山が紹介する藤原弘達の言葉はこうした旧世代の苦々しさをよく表している。

「現在の日本で大学を出た女性を女房にするヤツは、バカだと思っている。女としていちばんよい時期を学問などというヤボなことでつぶすような女性は、男性にとってはカスをつかむことにもなりかねないからである[27]」

女子に対する風当たりの強さは単に女子学生にとどまるものではない。敗戦後、一九五〇年から七五年までの間、高校進学率でも女子は男子とともに約四〇％から九〇％を超える水準までほぼ一直線に上昇を続けてきた。とりわけ六〇年からの五年間は五六％から七〇％にまで上昇していて、女子の高学歴化の勢いは、男子とともに、もはや押しとどめることができない趨勢であることがはっきりした時期である。

一九六五年当時、女子の大学進学率は短大を含めて一一・三％にすぎないが、六〇年から見れば二倍に増えており、その変化は大学を頂点とする教育システム内部における日本の女子全体の地殻変動の兆しとして受け止められただろう。この兆しは教育システム内部のことにとどまらない。これからの女子に想定されるライフコースが従来のものとは異なるものになりつつあることは容易に想像できるし、これまで女子が従うべきだと想定されてきた道徳秩序が早晩過去の遺物となるだろうこともまた容易に想像でき、またそれが現実になりつつあると実感されていたと思われるからだ。

週刊誌に女子学生のセックススキャンダルを扱う記事がしきりに顔をのぞかせ始めるのも、この時期の女子学生を見る旧世代大衆＝婦徳派の心情を物語っている。一例をあげれば、「女子学生自身が報告するSEX…LIFE」[28]「女子大生の性と愛の自由時間〝女子大生亡国論〟の渦の中の行動半径」[29]「女子大学生の㊙アルバイトの稼ぎ方〝特殊モニター〟からコールガールまでを追跡したら」[30]「〝東京遊学〟女子大生四年間の〝汚れ方〟これでは安心して娘に勉強はさせられない」[31]などである。一九七〇年代以降と比べれば記事数はかなり少ないとはいえ、女子学生の性的放縦は道徳崩壊の最もわかりやすい例であり、「女が学問などしたらろくなことにならない」という大衆の婦徳派的感覚を裏付け、後押しすることによって格好の読み物となったのだった。

こうして「女子学生亡国論」を振り返ってみると、ここでも男女平等という戦後民主主義の理念の実践者である女子学生と、戦前の「婦徳」を日本固有の女性の美徳とみなす婦徳派的心情とが軋轢を起こしていることがわかる。単に軋轢が見えるだけではない。敗戦後二十年以上たっても、日本社会にはこうした婦徳派的心情が脈々と、いわば地下水脈として流れていて、その水脈は容易に枯れるものではないこともまた見て取れるのである。

5　道徳としてのブルマー

副作用

密着型ブルマーは、「女子学生亡国論」が世の中をにぎわせていたちょうどそのころに全国の中学校で採用され、あとを追うように高校でも採用されていった。それまで学校が、女子の体操着に関しては極力身体の線が見えないように配慮してきたことからすれば、お尻に密着してほぼ下着と変わらないものを女子生徒に着用させることは相当大きな変化であるにもかかわらず、そのことにはほとんど無頓着に導入されていった。

その背景には第６章で見たように、一九六四年のオリンピック東京大会以降、女性の身体が美と健康とに結び付けられることによって、単に隠すべきものから「見せる―見られる」対象としての正当性を獲得したことがあげられるだろう。そのことは女子にとっても自分の身体を肯定的に見る視線を獲得するきっかけになっただろうし、そのことを土台として日常生活でのファッションの自由度を拡大することにもつながっただろう。六七年にツイッギーが来日したことをきっかけに日本にミニスカート・ブームが起きたのも、こうした身体観の変化がすでに定着していたからこそだろう。

さらに自分の身体の主人となり、社会的にも自立した主体として現れつつあった女性は、同時に婦徳の束縛から解き放たれ性的にも自立した主体として男性の前に登場することになる。戦後の新世代男子にとってこうした女子はいつでも恋愛の相手となりうる存在であり、女子を見る男子の視線には潜在的には常に性的な要素が含まれていたといってもいい。

戦後の民主主義によって女子の身体が家父長制的拘束から解放され、自立性を獲得することと、男性からの性的まなざしとはコインの裏表の関係で、前者を求めれば後者もまた否応なく道連れにしなくてはならない、いわば薬の副作用のようなものである。その副作用によって、社会的自立の最前線を走っているように見えた女子大生は風俗ネタの格好の材料となり、やがては女子高校生や女子中学生、あげくは小学生までもが性的まなざしの対象となっていったことはすでに述べたとおりだ。密着型ブルマーはその象徴だったのである。

幻影を見る

こうした自己の身体に美と健康と自由を見る女子の肯定的態度と、性的まなざしの対象であることのアンビバレンスは、「格好いい──恥ずかしい」という感情のアンビバレンスとして表れる。そして、このアンビバレントな感情は密着型ブルマーを身に着けたときの女子の感想そのものだった。恥ずかしさの感情はときに不満となって表明され、あるいはマグマのようにエネルギーを蓄積させていった。このエネルギーはやがて一気に噴出することになるが、当時はこの「恥ずかしさ」に積極的な意味を見いだす人々もいたようだ。

敗戦後、ＧＨＱに押し付けられた男女平等や教育政策のおかげで、戦前までの日本のよき伝統はむちゃくちゃにされてしまった。あるいは、家父長制的道徳という包囲網が解かれたために個人の欲望がむき出しになり、道徳が混乱し、性が頽廃して世の中がひどいことになってしまったと感じ、とりわけ女子に関して「従順、貞淑といった日本女性のすばらしい婦徳の涵養などは戦前の遺物として顧みられようともしなくなってしまった」と大きな失望をいだいていた婦徳派にとって、密着型ブルマーがもたらす「恥ずかしさ」は必ずしも悪いことではなかった。それどころか、むしろ積極的な効用を見ていたふしさえある。というのは、男性からの視線を受けて恥じらう女の姿は、婦徳の主軸をなす「女らしい挙措動作」の重要な要素であり、密着型ブルマーをはいて恥ずかしさを覚える女子の姿はこの「恥じらう女」に通じるところがあるからだ。つまり、一九六〇年代後半に密着型ブルマーが学校の女子体操着として登場したとき、婦徳派はブルマーをはく少女たちの姿に「恥じらう女」の姿を垣間見たのではないだろうか。

なくなったと諦めていたものが思わぬかたちで出現したことに、婦徳派は心を躍らせたにちがいないし、ことさら表立ってはいわないが、できればこのまま続いてほしいとひそかに願ったにちがいない。なぜなら、ブルマーをはいて人前に出ること自体が「恥ずかしさ」を通して女子を日本的女らしさへ誘導する女子修身教育の実践になっているし、日本女性の美徳を知らず知らずのうちに身に着けさせる「隠れたカリキュラム」(32)にもなっているからである。

もちろん、ブルマーをはく女子の「恥じらい」は、すべての女子生徒に性的まなざしと不可分の体操着を強制することに由来しているのであって、婦徳からきているのではない。その意味でブルマーに見られる「恥じらう女」の姿は幻影であり、ブルマーに婦徳の一端を見るのは錯覚である。

意図せざる共謀

　実際に学校現場で密着型ブルマーをめぐる戦後民主主義派と婦徳派との闘争があったということではない。戦後民主主義派と婦徳派とはそれぞれ別の人間が独立に担うと考える必要はなく、むしろ実態は一人の人間に両方の心情が共存していて、その比重が人によって異なっていると考えたほうがいい。ことさらに「恥じらう女」といわなくても、ブルマーをはいた女子が人前で恥じらう姿を可憐だと感じ、いとおしい思いで眺めることがあるとすれば、そこにはすでに婦徳派的心性が表れているのだ。

　その例として、あだち充の『タッチ』[33]をあげてもいい。「タッチ」に登場するヒロインの浅倉南はかなり気が強い。そうでありながら、南のブルマー姿に（アスリートの姿ではなく）清純さと可憐さを見るとしたら、私たちの視線は女子のブルマー姿に婦徳派的幻影を見ているのだ。なぜなら、密着型ブルマーと清純さや可憐さとはそもそもなんの関係もないからである。なんの関係もないところに清純さや可憐さといった少女らしさの幻影を見るのは、ブルマー姿の少女に「恥じらい」をあてがい、そこに「こうあってほしい」少女の姿を見ているからにほかならない。

　戦前回帰派とか婦徳派とかいうと大げさに聞こえるが、このように婦徳派的心情はさりげなく個人の内部に入り込んでいて、女子の身体をめぐる戦後民主主義的な心情と共存しているのだ。共存しているだけではなく、ことブルマーの存続に関していえば、この二つの心情は思わぬかたちで手を携え、意図しないままに共謀関係にあったといえそうである。つまりこうだ。女子の身体を肯定的に見る戦後民主主義的なまなざしと、ブルマーをはいた少女に「こうあってほしい」少女の姿を見る教育界や世の中の婦徳派的まなざしは、密着型ブルマーが長く当たり前の光景として続いてきたことの結果として、ともにその女子像が当事者である女子の「恥じらい」と結び付いていたことを忘れた。そして、外面的な美と健康と清純さと可憐さを肯定的に見るまなざしだけが意識されることによって、密着型ブルマーの存続は長く支えられてきたのではないか。

道徳ブルマー

美と健康にしろ、清純さと可憐さにしろ、密着型ブルマーに「正しい少女」の姿を見ているという点では戦後民主主義派も婦徳派も変わらない。いってみれば、どちらも密着型ブルマーに一種の道徳教育的役割を担わせている。両派が共謀して道徳教育的役割を担わせてきたことが密着型ブルマーの長期にわたる存続の背景にあるとしたら、密着型ブルマーの廃止に抵抗する学校の態度にどことなく道徳的なにおいを感じるのも不思議ではない。またシンガポール日本人学校の女性教師が密着型ブルマーの急速な消滅過程に直面していだいた危機感が道徳的な危機感だったと考えれば、規則を作ってでもなんとか消滅を食い止めようとした気持ちもわからないではない。

だが、やがて密着型ブルマーの強要がセクハラではないかと指弾する第三のまなざしによって、密着型ブルマーは学校体育の世界から退場を余儀なくされたことはすでに見たとおりである。戦後民主主義派の女子身体観は「性的まなざし」を副作用として道連れにしていたし、婦徳派のいう女らしさは女子が性的まなざしに感じる「恥じらい」を不可欠の要件としていた。そのいずれもが批判の対象となったのだから退場はやむをえないところだったろう。そうして密着型ブルマーは新しい形のショートパンツやハーフパンツに取って代わられたのだが、こうした一連の経緯によって明らかになったのは、民主主義派の女子身体観は何も密着型ブルマーだけを手段にしなくてもよかったということであり、婦徳派が密着型ブルマーに見た女らしさは単に幻想にすぎないということだった。

道徳的意味合いをもったブルマーが学校から消えたいま、教育界はどのような女子像をいだいて女子生徒に向き合っているのだろうか。二〇一五年には小・中学校での道徳を新たに特別教科とすることが決定されたが、その道徳には少女の新しい姿がどのように描かれているのだろうか。

ともあれ、密着型ブルマーはいまでは道徳的意味合いをすっかり失い、もっぱら下半身の防寒と防犯という実用的な目的のために、いくぶんか姿を変えながらいまも少女たちのスカートの下でひっそりと生き続けている。

注

(1) 東京都海外子女教育研究会編『海外日本人学校事情――派遣教師達の体験記』大蔵財務協会、一九八七年

(2) 次官会議決定「私娼の取締竝びに発生の防止及び保護対策」、市川房枝編集・解説『人権』(「日本婦人問題資料集成」第一巻)所収、ドメス出版、一九七八年、五五五―五五六ページ

(3) 斎藤光「「純潔教育施策」目的の微妙な拡張――純潔教育委員会開催以前の社会教育局官僚の発言

から」「京都精華大学紀要」第四十一号、京都精華大学、二〇一二年、一七六ページ

(4)「純潔教育基本要綱」「文部時報」一九四九年四月号、ぎょうせい

(5)社会教育審議会「純潔教育の普及徹底に関する建議」「文部時報」一九五五年五月号、ぎょうせい、七一―七二ページ

(6)前掲「「純潔教育施策」目的の微妙な拡張」による。

(7)山本宣治の娘で、専門は性医学。一九五九年から七一年まで自由民主党の参議院議員も務めた。

(8)山本杉「男女交際と礼儀について」「社会教育」一九五一年一月号、全日本社会教育連合会、八ページ

(9)同論文一〇ページ

(10)前掲『文部省版 男女の交際と礼儀』

(11)小柴貢「女子教育のあり方について」「文部時報」一九六六年十一月号、ぎょうせい、一六七ページ

(12)暉峻康隆「女子学生世にはばかる――彼女らの目的は何か」「婦人公論」一九六二年三月号、中央公論社

(13)池田彌三郎「大学女禍論――女子学生世にはだかる」「婦人公論」一九六二年四月号、中央公論社

(14)前掲「女子学生世にはばかる」二七九ページ

(15)同論文二八〇ページ

(16)「男の城を喰う女子学生の氾濫――亡国論まで出るその華やかな周辺」「週刊現代」一九六二年六月十七日号、講談社

(17)「女子学生は亡国か興国か　文学部、花嫁学校論」「週刊朝日」一九六二年六月二十九日号、朝日新

聞社
(18)「大学は花嫁学校か——女子学生亡国論」「早稲田公論」一九六二年六月号、早稲田公論社
(19)「女子学生亡国論の再検討」「婦人公論」一九六三年二月号、中央公論社
(20)「大学を花嫁道具にする女の恥知らず」「女性自身」一九六五年七月二十六日号、光文社
(21)「女子学生亡国論を考える」「毎日新聞」一九六二年十一月十九日—十二月二十日付
(22)中屋健一「女子大学無用論」「新潮」一九五七年三月号、新潮社、「女子大は花嫁学校か 就職では高校卒なみ」「週刊朝日」一九五九年二月八日号、朝日新聞社、など
(23)小山静子『戦後教育のジェンダー秩序』勁草書房、二〇〇九年、一五〇ページ
(24)同書一八〇ページ
(25)引用の前段部分に関しては、稲垣恭子も同様に大学と学問への危機感の表れではないかと指摘している。「「女子学生亡国論」を生み出した背景には、文学部に象徴される旧制大学や学問を前提として、そこに軽薄な女子学生が入ってくる事によって学問が変質してしまうのではないかという不安や危惧があったと想像されます」(稲垣恭子「基調講演 女子学生論の系譜——亡国論 vs. 興国論」「椙山人間学研究」第五号、椙山人間学研究センター、二〇〇九年、一五ページ)
(26)平塚益徳「女子教育」、平塚博士記念事業会編『日本教育史』(「平塚益徳著作集」第一巻)所収、教育開発研究所、一九八五年、一三五ページ
(27)前掲『戦後教育のジェンダー秩序』一八九ページ。原文は藤原弘達「女子学生はイリマセン」「時」一九六六年八月号、旺文社、一四九ページ
(28)「女子学生自身が報告するSEX…LIFE」「平凡パンチ」一九六六年二月二十八日号、平凡出版
(29)「女子大生の性と愛の自由時間〝女子大生亡国論〟の渦の中の行動半径」「週刊大衆」一九六六年十

二月八日号、双葉社

(30)「女子大学生の㊙アルバイトの稼ぎ方〝特殊モニター〟からコールガールまでを追跡したら」「週刊現代」一九六七年二月二十八日号、講談社

(31)「〝東京遊学〟女子大生四年間の〝汚れ方〟これでは安心して娘に勉強はさせられない」「週刊現代」一九六七年五月四日号、講談社

(32) hidden curriculum. 潜在的カリキュラムともいわれるが、学校のフォーマルなカリキュラムに対して、空間の様式や身体の技法、学校生活の組み立てや性向など、主に身体レベルでの方向付けに影響を与える要素のことをいう。たとえば男女別の名簿で常に男子が先に呼ばれる習慣は、教師にそのつもりがなくてもジェンダー規範を植えつけることになるだろうし、時間割に沿った授業進行は個人の関心や集中が外的な時間区割りに沿って調整されるべきだという感覚を植えつけるだろう。密着型ブルマーもまた、隠れた女子道徳教育の一端を担っていたのかもしれない。

(33) あだち充『タッチ』全二十六巻（少年サンデーコミックス）、小学館、一九八一―八七年。「週刊少年サンデー」（小学館）に一九八一―八六年にかけて連載。またテレビでも一九八五―八七年にかけてアニメが放映された（フジテレビ系）。物語は双子の兄弟である和也と達也、幼なじみの浅倉南の三人を中心に、高校生時代の繊細な感情と関係とが描かれ、人気を博した。南のブルマー姿はコミック全巻を通して、ほんの一コマか二コマに登場するにすぎない。

参考文献一覧

朝日新聞社編『朝日年鑑』昭和十七年版、朝日新聞社、一九四一年
天野正子／桜井厚『「モノと女」の戦後史——身体性・家庭性・社会性を軸に』有信堂高文社、一九九二年
伊ケ崎暁生／吉原公一郎編著『戦後教育の原典1 新教育指針』現代史出版会、一九七五年
伊ケ崎暁生／吉原公一郎編著『戦後教育の原典2 米国教育使節団報告書』現代史出版会、一九七五年
井口阿くりほか『体育之理論及実際』国光社、一九三九年
池田彌三郎「大学女禍論——女子学生世にはだかる」「婦人公論」一九六二年四月号、中央公論社
伊藤秀吉ほか『文部省版 男女の交際と礼儀——学校における指導の解説』目黒書店、一九五一年
稲垣恭子「基調講演 女子学生論の系譜——亡国論 vs. 興国論」「椙山人間学研究」第五号、椙山人間学研究センター、二〇〇九年
井上章一『パンツが見える。——羞恥心の現代史』(朝日選書)、朝日新聞社、二〇〇二年
井上雄彦『SLAM DUNK』第二十七巻(ジャンプ・コミックス)、集英社、一九九六年
牛山栄治「中学生と昼食=会長当時の思い出から=」、全国中学校体育連盟編「会報」第二号、日本中学校体育連盟、一九六九年
内海和雄『戦後スポーツ体制の確立』不昧堂出版、一九九三年
大宅壮一文庫創立十周年記念索引目録編纂委員会編『大宅壮一文庫索引目録——人名索引・件名索引・主要雑誌目録』大宅壮一文庫創立十周年記念索引目録編纂委員会、一九八〇年
尾崎商事『GROW-UP OSAKI——成長への前進 創業百三十周年』(尾崎商事パンフレット。発行年不明だが、百三十周年は一九八四年)
尾崎房次郎「全国中学校体育連盟の田中先生と私との出会い」『田中先生の思い出』一九九三年

オリンピック東京大会組織委員会編『第十八回オリンピック競技大会公式報告書』オリンピック東京大会組織委員会、一九六六年
掛水通子「ブルマーの戦後史――ちょうちんブルマーからピッタリブルマーへ」、高橋一郎／萩原美代子／谷口雅子／掛水通子／角田聡美『ブルマーの社会史――女子体育へのまなざし』（青弓社ライブラリー）所収、青弓社、二〇〇五年
学校体育研究会編『学校体育関係法令並びに通牒集』体育評論社、一九四九年
河合幹雄『安全神話崩壊のパラドックス――治安の社会学』岩波書店、二〇〇四年
Photo Kishimoto『第十八回ユニバーシアード競技大会一九九五福岡・公式写真集』フーディアム・コミュニケーション、一九九五年
倉敷繊維加工編『倉敷繊維加工五十年史』倉敷繊維加工、一九九九年
黒木晃「稽古照今――秘話」、日本中学校体育連盟『設立五十周年記念誌』所収、二〇〇六年
小柴貢「女子教育のあり方について」「文部時報」一九六六年十一月号、ぎょうせい
小山静子『戦後教育のジェンダー秩序』勁草書房、二〇〇九年
斎藤光「「純潔教育施策」目的の微妙な拡張――純潔教育委員会開催以前の社会教育局官僚の発言から」「京都精華大学紀要」第四十一号、京都精華大学、二〇一二年
崎田嘉寛『戦後初期学校体育の研究――広島県の小学校を手掛かりとして』溪水社、二〇〇九年
次官会議決定「私娼の取締並びに発生の防止及び保護対策」、市川房枝編集・解説『人権』（「日本婦人問題資料集成」第一巻）所収、ドメス出版、一九七八年、五五五―五五六ページ
嶋津亨「技術ハイライト ジャージーの動き」「繊維と工業」第二十一巻第一号、繊維学会、一九六五年
社会教育審議会「純潔教育の普及徹底に関する建議」「文部時報」一九五五年五月号、ぎょうせい
女性体育史研究会編著『近代日本女性体育史――女性体育のパイオニアたち』日本体育社、一九八一年
関春南『戦後日本のスポーツ政策――その構造と展開』大修館書店、一九九七年

全国中学校体育連盟『創立十周年記念誌』一九六五年
全国中学校体育連盟編『全国中学校体育連盟創立三十周年記念誌』全国中学校体育連盟、一九八五年
全国中学校体育連盟編「中学校の体育」一九六〇年八月―六三年十二月号、ベースボール・マガジン社
全国中学校体育連盟編「会報」第一―二十三号、日本中学校体育連盟、一九六八―九〇年
大日本体育協会編『大日本体育協会史』（木下秀明監修「戦後体育基本資料集」第十三巻）、大空社、一九九五年
高橋一郎／萩原美代子／谷口雅子／掛水通子／角田聡美『ブルマーの社会史――女子体育へのまなざし』（青弓社ライブラリー）、青弓社、二〇〇五年
田中亨「一五周年を語る」、前掲『全国中学校体育連盟創立三十周年記念誌』所収
田中亨先生の思い出編集委員会『田中先生の思い出』私家版、一九九三年
角田聡美「スケープゴートとしてのブルマー」、前掲『ブルマーの社会史』所収
暉峻康隆「女子学生世にはばかる――彼女らの目的は何か」「婦人公論」一九六二年三月号、中央公論社
東京都海外子女教育研究会編『海外日本人学校事情――派遣教師達の体験記』大蔵財務協会、一九八七年
東洋紡績株式会社社史編集室編『百年史――東洋紡』東洋紡績、一九八六年
中山千代『日本婦人洋装史』吉川弘文館、一九八七年
安藤幸ほか編著『日本女子体育連盟二十年の歩み』日本女子体育連盟、一九七五年
日本繊維新聞社『繊維二十世紀の記録二〇〇〇 繊維・ファッション年鑑』日本繊維新聞社、二〇〇〇年
日本体育協会監修『国民体育大会の歩み 増補改訂』都道府県体育協会連絡協議会、一九七九年
日本中学校体育連盟『設立四十周年記念誌』日本中学校体育連盟、一九九五年
日本中学校体育連盟『財団法人設立十周年記念刊行 中体連』日本中学校体育連盟、二〇〇三年
日本中学校体育連盟編『設立五十周年記念誌』日本中学校体育連盟、二〇〇六年
日本中学校体育連盟『財団法人設立二十周年記念誌』日本中学校体育連盟、二〇〇九年
馬場憲治『アクション・カメラ術――盗み撮りのエロチシズム』（ワニの本 ベストセラーシリーズ）、ベストセラーズ、

一九八一年
兵庫県中学校体育連盟『兵庫中体連三十年史』兵庫県中学校体育連盟、一九七九年
平塚益徳「女子教育」、平塚博士記念事業会編『日本教育史』(「平塚益徳著作集」第一巻)所収、教育開発研究所、一九八五年
藤原弘達「女子学生はイリマセン」「時」一九六六年八月号、旺文社
ベースボールマガジン社編『サッカー』(「激動の昭和スポーツ史」第九巻)、ベースボールマガジン社、一九八九年
文部省「学校生徒の制服統制と其の通帳」「被服」第十二巻第一号、被服協会、一九四一年
文部省「米国教育使節団報告書」(一九四六―一)、前掲『戦後教育の原典2 米国教育使節団報告書』所収
文部省「新教育指針」(一九四六―二)、前掲『戦後教育の原典1 新教育指針』所収
山岡二郎「所感」、全国中学校体育連盟『創立十周年記念誌』所収、全国中学校体育連盟、一九六四年
山本杉「男女交際と礼儀について」「社会教育」一九五一年一月号、全日本社会教育連合会、九―一一ページ

あとがき

ブルマーを調べてみようと思い立ったのはもうずいぶん前のことである。ゼミの女子学生グループと卒論のテーマについて話し合っていたのがきっかけだったと思う。女子三人のグループは新聞や雑誌などをよく調べ、ブルマーに関連する年表や事件史などを作成し、後日ウェブサイト[1]まで立ち上げてくれた。そうしてわかったのは、皮肉なことに、公に流通している情報からは密着型ブルマーがどのような経緯で学校に採用され、広く普及し、三十年間も継続してきたのかについて何一つわからないということであった。

誰もが目にし、誰もが知っていることなのに、肝心のところがわからない。そういうものは調べてみる価値がありそうだ。だいたい、そういった問題は広く社会的な価値観にも関係しているだろうし、お金の問題も絡んでいるにちがいない。調べても簡単にわからないのは、前者はほとんど意識されていないことが多いし、後者についてはそもそも実態が外部の者にはうかがいしれないからだ。ブルマーはそうした「意識されないこと」と「うかがいしれないこと」が交差するところにあって、学校という公教育の意外な面を知ることにつながるかもしれない。そう考えて、調べ、話を聞き、考えてきたものが、ようやくかたちになったのがこの本である。

その間には多くの方々のお世話になった。とくに尾崎商事（現・菅公学生服）の関係者のみなさんにはお世話になった。本社では大橋扶紀夫さんや家倉治さんの紹介でＯＢの髙田征三さんに話をうかがえたことが、それまでの研究の蓄積を一段と前に進めるきっかけにもなったし、本にまとめる原動力にもなった。大阪営業所の冨澤高生さん、ＯＢとの橋渡しをしていただいた日本メンモウの二宮且弘さん、三河地方の代理店Ｋ社のＯＢである大谷幸一さんのお話もそれぞれの地域の性格と営業の努力を知る貴重な資料となった。こうした方々の協力がなければ、筆者のブルマー研究は具体性を欠いた机上の空論に終始していただろうし、そもそも出版しようと考えたかどうかも疑わしい。改めてお礼を申し上げたい。

私事だが、筆者の実家は愛知県三河地方でかつて小さな洋品店を営んでいて、始末屋の父親は売れずに残った商品を、すでに変色してしまって売り物としてはまったく価値のないものを含めて何一つ捨てることなく店の棚に置いていた。後年、廃業してからも同様で、営業をやめたからといって在庫の一つたりとも処分することはなかった。そのおかげで、単なる物置と化した店舗スペースには昔の学生服だけでなく、一九五〇年代後半のブルマーやトレパンの在庫がそのままの形で残された。古い紙箱を開けてみると、包装紙に中原淳一による少女のイラストが描かれた「Drawers（ズロース）」が出てきたりもした。なかには素材の綿生地が風化して手を触れるとぼろぼろと崩れてしまうようなブルマーのミイラもあり、何の役に立つというわけではないが、「ブルマーのミイラ」として現在は筆者の書棚に保管されている。

岡山の尾崎商事を訪ねたときには、そうした在庫のなかからいくつかのブルマーと尾崎商事が最初に手がけたジャージのＪＰ一〇〇〇番のタイツ（ブルー）を持参した。そのことをきっかけに尾崎商事の方々にはさまざまなお話をうかがうことができ、関係会社を紹介していただき、さらに後日、児島の旧本社や工場での作業の様子を見学させていただけたのだと思うと、親の家業がこういうかたちで役に立っているのだと感慨深いものがある。

日本中体連・元理事長の黒木晃さんには財団化の経緯を詳しく教えていただいただけでなく、『創立十周年記念誌』などの貴重な資料もいただいた。これらの資料がなければ中体連の資金的窮状の様子を知ることもできなかったし、そのことがやがて密着型ブルマーの普及へとつながっていくことも想像できなかっただろう。加えて、事務局のみなさんからの情報提供にも大いに助けられた。

最後に、このようなマイナーなテーマに関する研究成果を本にしたいという意向を正面から受け止めてくださり、企画段階からさまざまなアドバイスをしていただいた青弓社の矢野未知生さんには改めてお礼を申し上げたい。

注

（1）「ブルマー研究班」（http://homepage1.nifty.com/hadiko/）［二〇一六年八月一日アクセス］

［著者略歴］
山本雄二（やまもと ゆうじ）
1953年、愛知県生まれ
関西大学名誉教授
専門は教育社会学
共著に『〈教育〉を社会学する』（学文社）、『クイズ文化の社会学』（世界思想社）、『〈近代教育〉の社会理論』（勁草書房）、翻訳書にジョン・フィスク『抵抗の快楽——ポピュラーカルチャーの記号論』（世界思想社）、G・H・ミード『精神・自我・社会』（みすず書房）など

ブルマーの謎《なぞ》　〈女子の身体〉と戦後日本

発行——2016年12月 8 日　第1刷
2025年 4 月30日　第6刷

定価——2000円＋税

著者——山本雄二

発行者——矢野未知生

発行所——株式会社青弓社
〒162-0801 東京都新宿区山吹町337
電話 03-3268-0381（代）
https://www.seikyusha.co.jp

印刷所——大村紙業

製本所——大村紙業

ISBN978-4-7872-3410-0 C0036